当成语遇上科学系列

当成语遇上数学

杨柳芳　蒋加林／编著
何　淼／绘图

- 有趣的成语故事
- 丰富的成语知识
- 严肃的科学原理
- 深刻的人生启示

四川辞书出版社

图书在版编目(CIP)数据

当成语遇上数学 / 杨柳芳，蒋加林编著；何淼绘图 . —成都：四川辞书出版社，2021.6
（当成语遇上科学）
ISBN 978-7-5579-0826-3

Ⅰ . ①当… Ⅱ . ①杨… ②蒋… ③何… Ⅲ . ①汉语—成语—少儿读物 ②数学—少儿读物 Ⅳ . ① H136.31-49 ② O1-49

中国版本图书馆 CIP 数据核字（2021）第 088136 号

当成语遇上数学
DANG CHENGYU YUSHANG SHUXUE

杨柳芳　蒋加林　编著　何淼　绘图

策　　划	胡彦双
责任编辑	胡彦双
封面设计	墨创文化
责任印刷	肖　鹏
出版发行	四川辞书出版社
地　　址	成都市槐树街 2 号
邮政编码	610031
印　　刷	成都紫星印务有限公司
开　　本	700 mm × 1000 mm　1/16
版　　次	2021 年 6 月第 1 版
印　　次	2021 年 6 月第 1 次印刷
印　　张	8
书　　号	ISBN 978-7-5579-0826-3
定　　价	25.00 元

- 版权所有，翻印必究。
- 本书如有印装质量问题，请寄回出版社调换。
- 发行部电话：（028）87734281　87734332

当成语遇上科学

——一次"事半功倍"的尝试

每个人的成长都离不开成语。

提到成语,我们首先想到的便是一段段令人深思的历史,一个个耐人寻味的启示。

但,成语所包含的内容远远不止这些。

花鸟虫鱼、飞禽走兽、草木芳菲,成语中的生物学知识无处不在。在含有数字、量词、图形等的成语中,我们又能发现很多数学和几何知识。颜色、声音、温度,成语中的物理学知识就更加丰富了。当然,天文、地理的知识也能在成语中找到。古人将科学现象和科学原理通过言简意赅的成语表达出来,展现了让后人惊奇的智慧。

成语与科学经常出现在我们的生活和学习中,它们看似毫不相干,实际上有着深刻的渊源。将学习成语和学习科学知识相结合,是一种跨学科学习的尝试。我们通过一种知识联系到另一种知识,可以加深对知识的理解,提高对知识的迁移和运用能力。我们在学习过程中,既能在成语故事的情境中准确快速地理解科学知识,又能感受成语的语言之美,可谓一举两得。

有鉴于此，我们策划了"当成语遇上科学"丛书，包括《当成语遇上生物学》《当成语遇上数学》《当成语遇上物理学》，希望能为你们带来全新的阅读体验，让你们发现更有趣的学习知识的途径和方法。

快打开这套书吧！有趣的成语故事、严谨的科学原理、丰富的成语知识、深刻的人生启示，都在这套书中。

目　录

搬弄是非……………………………………………001

半价信息……………………………………………004

杯水车薪……………………………………………007

差之毫厘，谬以千里………………………………010

得寸进尺……………………………………………013

合而为一……………………………………………016

滥竽充数……………………………………………019

李代桃僵……………………………………………022

立竿见影……………………………………………025

立锥之地……………………………………………028

宁折不弯……………………………………………031

抛砖引玉……………………………………………034

千金一笑……………………………………………037

擎天之柱……………………………………………040

权衡轻重……………………………………………043

权知轻重，度知长短………………………………046

群分类聚……………………………………………049

入木三分……………………………………………052

三分鼎足	055
上屋抽梯	058
十拿九稳	061
事半功倍	064
天下无双	067
退避三舍	070
外圆内方	073
网开三面	076
相辅相成	079
虚虚实实	082
玄机妙算	085
一五一十	088
一衣带水	091
以功补过	094
以升量石	097
蝇头微利	100
有进无退	103
朝三暮四	106
争分夺秒	109
纸上谈兵	112
志在四方	115
转弯抹角	118

搬弄是非

爱搬弄是非的乌鸦

一直以来，各种鸟类之间都像兄弟姐妹一样相亲相爱地生活着。

可是有一天，乌鸦看到大家都如此团结互助，认为鸟类之间不可能永远没有矛盾。于是，它想出了一个坏主意，开始在鸟儿之间挑拨离间。

这一天，乌鸦假装来到杜鹃的家里做客，它就对杜鹃说："杜鹃啊，我告诉你一个秘密，那只整天只会报喜的喜鹊在背后说你的坏话呢，它说你只会生蛋，却不会孵小鸟，是个没用的妈妈。"杜鹃一听，气坏了，也跟着乌鸦数落了喜鹊一顿，并且从此再也不理睬喜鹊了。

乌鸦从杜鹃家出来后，又碰到了百灵鸟。它看到百灵鸟正一边哼着歌一边高兴地飞翔着，就对百灵鸟说："我的好朋友哟，你的歌声优美动听，可你不知道，夜莺说你整天唱歌是为了出风头呢。"百灵鸟听了后也气得不行，从此不再理睬夜莺。后来的几天里，乌鸦又在鸬鹚面前说翠鸟怎样说鸬鹚的坏话，然后又在斑鸠面前说鸬鹚怎样说斑鸠的坏话……

经过乌鸦一段时间的折腾，鸟类之间有了隔阂，互相都不理不睬，有困难也不互相帮助了。

百鸟之王凤凰知道这个情况后，就调查起原因来，终于把乌鸦搬弄是非的事情查了个水落石出。凤凰立即召集百鸟开会。在会上，它严厉批评了乌鸦的无中生有。可是，乌鸦仍不肯承认错误，灰溜溜地离开了鸟类，从此孤孤单单地生活着。

判断是非

这个成语让我们想到一种数学题型——判断题。

杜鹃、百灵鸟、鸬鹚、斑鸠等在听到乌鸦搬弄是非之辞后，没有去深入调查事情的真相，也没有认真思考鸟儿们的一贯品行，而是轻信谗言，与其他鸟儿产生了隔阂。幸好有凤凰明辨是非，才使真相大白，鸟类重新恢复团结。

在数学中，经常会有需要我们明辨是非的判断题。但老师出判断题的目的并不是为了"搬弄是非"，而是为了让我们更准确、更深刻地理解知识。

比如我们在学习了长方体、正方体的知识后，做下面一道判断题：某玩具厂要做一个长、宽、高均为10厘米的正方体塑料玩具，玩具上面的盖子用红色塑料，其他部分用蓝色塑料，蓝色塑料的用量是红色塑料用量的6倍，对不对？

做这道题时需要清楚红色塑料做了上面1个面，而蓝色塑料做了其余5个面，由于每个面的面积都相等，所以我们不需要计算出每个面的面积就可以得出结论：玩具中蓝色部分的面积是红色部分面积的5倍，所以用量也是5倍而不是6倍。

解答这道题的关键是我们不能死套公式：正方体的表面积等于底面积的6倍。所以，只有深入理解了正方体的特点后才能准确做对这道判断题。

出处：元代李寿卿《伍员吹箫》第一折："他在平公面前，搬弄我许多的是非。"

释义：把别人的话搬来弄去，有意从中挑拨出是非来。搬弄：挑拨；是非：指口舌纷争。

小锦囊：在生活和学习中，需要我们判断是非的事情很多，人生的道路也是不断选择的过程，所以，从小养成认真观察、深入理解的好习惯，才能在各种判断选择面前明辨是非，做出正确的选择。

半价倍息

|赵三钱的利息去哪了|

古时候,有个典当铺的老板叫赵三钱,靠吃利息发了大财,也因此风光无限。赵三钱有个傻儿子叫赵四钱。

有一回,赵四钱在街上溜达,有个人突然从背后拍了他一下。他回头一看,是阿六,阿六曾经来典当铺当过首饰,所以赵四钱认得他。阿六手里拿着一只玉镯在赵四钱眼前晃了晃,说:"四钱,你猜我这只玉镯值多少钱?"赵四钱摇摇头说:"不知道。"

阿六伸出一个手掌说:"五百两呢,想不想要?"赵四钱就点点头说:"想要。"阿六就说:"上次我当给你爸的那个玉镯才值一百两,你要是帮我把那个玉镯偷出来,我愿意用这个给你换。"赵四钱由于平时经常被父亲骂,为了争回一次面子,他便点头答应了阿六的

半价倍息

要求。

赵四钱果真偷出了典当铺里的玉镯，阿六也没有食言，把那只所谓的值五百两的玉镯换给了他。赵三钱知道后，气得半死，那分明就是个假玉镯啊！他赶紧拿着这只假玉镯去找阿六算账，阿六不承认，却说："你认为这玉镯是假的，我却认为是真的，反正到时我会按双倍利息赎回它，你就安心坐等利息钱吧。"赵三钱没有其他办法，只好回家了。

赵三钱一走，阿六就背着包袱去了外乡。

怎样计算利息？

这个成语提到了一个实用的数学知识——利息的计算。

在商品社会里，做什么都需要付出代价，也可以获得相应的报酬。

如果你请一个人陪你聊天、陪你购物，你应该支付别人报酬，因为你占用了别人的时间。

如果你向别人借钱，在一段时间内占有了这笔钱的使用权，你向别人支付报酬也是理所当然，这种报酬就叫"利息"。因此，利息是资金的所有者通过借出资金而取得的报酬。其计算公式是：利息=本金×利率×时间。

比如某人有5000元钱，他将这5000元存入银行一年半后再取出来，如果银行年利率为3.8%，那么他可获得的利息=5000×3.8%×1.5=285（元），加上本金，他一共可以取出5285元。

他这次将钱存入银行是按年3.8%的固定利率结算的，我们叫它为单利率。如果将按年结算变成按天结算，再将前一天的本金和利息一起作为今天的本金，这种计算方法叫复利率。复利率所得利息的计算

公式为：利息=本金×（1+利率）的时间次方—本金。

比如同样是5000元存入银行，年利率同样为3.8%，转化成日利率则为3.8%÷365≈0.010411%，那么一年半后的利息=5000×（1+0.010411%）$^{365×1.5}$－5000≈293.26（元），比单利率的285元多8.26元。

出处：《汉书·食货志》："当其有者，半价而买，取倍称之息。"

释义：出一半的价钱获得成倍的利息。

小锦囊：我们从小应该养成勤俭节约的习惯，分配好自己的零花钱。在学习之余适当地了解成年人的理财活动也是有益于提高我们的财商的。

杯水车薪

用一杯水泼大火

从前,有一个人长得又瘦又小,虽然他的身体并不强壮,但为了生活,他不得不天天到山里去砍柴,然后把柴拿到集市上去卖。

有一回,这个卖柴人砍柴回家,由于天气炎热,走到半路上实在是又渴又累,他只好推着满满的一车柴草来到一家茶馆,在茶馆里要了一杯茶水。刚坐下喝了一会,忽然就听见外面有人高喊:"不好了!不好了!柴草着火了!快来救火啊!"卖柴人一听,立即就跑了出来,把手里的一杯茶水往火堆里泼,泼完后,火仍然熊熊燃烧着,他只好再跑回茶馆里,往茶杯里盛了满满一杯水,又冲出去,结果在来回跑的这段时间里,一车柴草被烧成了灰烬。卖柴人很难过,一屁股坐在茶馆门前,心想:今天真是白忙活了。旁边一位茶客看到了,过来拍拍他的肩膀说:"算了吧,别难过了,你那点儿水怎么救得了一车的柴草呢?"

大小的悬殊

每天上学时,父母可能会告诉你学校离家有3千米,要拐几个弯,过几条马路,所以放学后别乱跑,等着父母来接你。

父母向我们描述的是距离的概念,使用的距离单位是千米。

但如果需要描述太阳与地球之间的距离,用千米来描述,数字就变得非常大了,因此会用到"光年"这个单位。光年是指光在宇宙真空中沿直线传播一年的距离。

1光年≈94607亿千米。

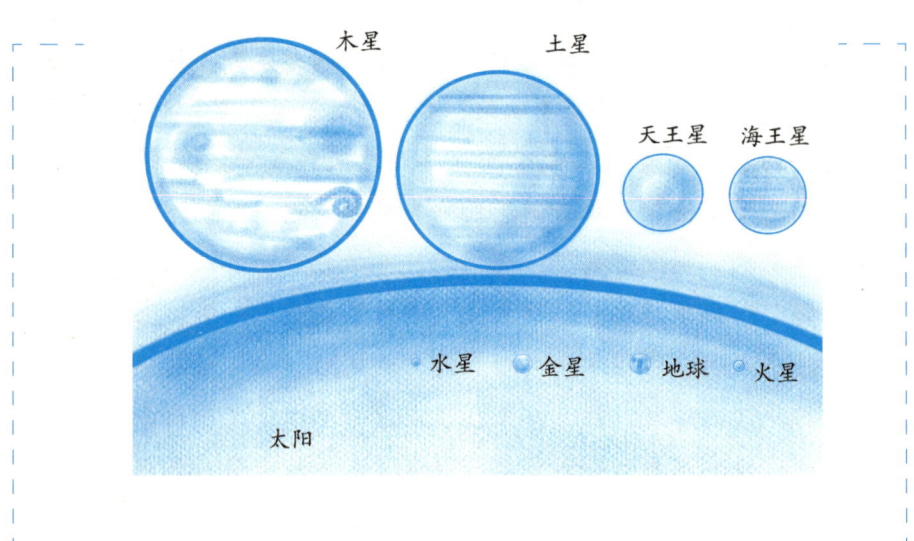

太阳系行星大小对比

你们家到学校的距离与太阳到地球的距离相比，显然是一个非常小的数字，这就像一杯水与浇灭一车燃烧的柴草所需的水相比一样小。

所以，在数学上，为了表示这种力量相差悬殊、数字差距巨大的等量关系，数学家引入了科学记数法。

科学记数法就是将一个很大的数或者很小的数表示为一个数乘10的n次方。比如：

一万可以表示为1×10^4，读作1乘10的4次方。

一亿分之一可以表示为1×10^{-8}，读作1乘10的-8次方。

有了科学记数法，我们便能很方便地记录巨大的或很小的数字。

出处：《孟子·告子上》："孟子曰：'仁之胜不仁也，犹水之胜火。今之为仁者，犹以一杯水救一车薪之火也，不熄，则谓之水不胜火。此又与于不仁之甚者也，亦终必亡而已矣。'"

释义：用一杯水去救一车着了火的柴草。比喻力量太小，解决不了问题。

小锦囊：知识如同汪洋大海，我们只有虚心学习、坚持不懈，才能学到更多，所以荀子说："不积跬步，无以至千里；不积小流，无以成江海。"

差之毫厘，谬以千里

|赵充国的想法|

西汉时期，有一位著名的将领名叫赵充国。他是一个沉着勇敢、有谋略的人，年轻时就非常仰慕有英雄魅力的将领，于是自学兵法知识，掌握了当时四方少数民族的许多情况。

有一次，赵充国奉汉宣帝之命去平定西北地区的叛乱，他看叛军军心不齐，就采取了招抚的策略，使得大部分叛军投降。可是，这时汉宣帝却命令他出兵，他因此犹豫不决。那一刻，他想到了两件事。

第一件事：他曾向皇帝建议让酒泉太守辛武贤去驻守西北边境，但皇帝却没有采纳他的意见，派了不懂军事的义渠安国带兵，结果被匈奴人杀得大败。另一件事：有一年，金城、湟中粮食大丰收，谷子的价钱很便宜。他向皇帝建议收购三百万石谷子存起来，这样边境上的那些人见到军队的粮食充裕,人心归顺,他们想叛变也不敢动了。可是后来皇帝只批了四十万石。

赵充国想到这些,深深地叹了口气说:"正由于皇帝做错了这两件事,才发生了这样大的动乱啊,这就是差之毫厘,谬以千里。"

后来,赵充国决定用生命来坚持自己的正确主张,他认为对开明的皇帝是可以讲真心话的。于是他把撤兵的想法奏报了皇帝,皇帝接受了他的主张而招抚了叛军,此举为后来安邦定国作出了贡献。

找次品的方法

这个成语让我们想到一个数学知识——找次品。

西汉宣帝没有采纳赵充国的正确建议而做错了两件事,结果导致了大动乱的发生。深刻的教训让后人感慨:差之毫厘,谬以千里。

在产品生产过程中,如果有哪个环节出了问题就会出现次品而导致损失。那么,怎样科学地找出次品呢?

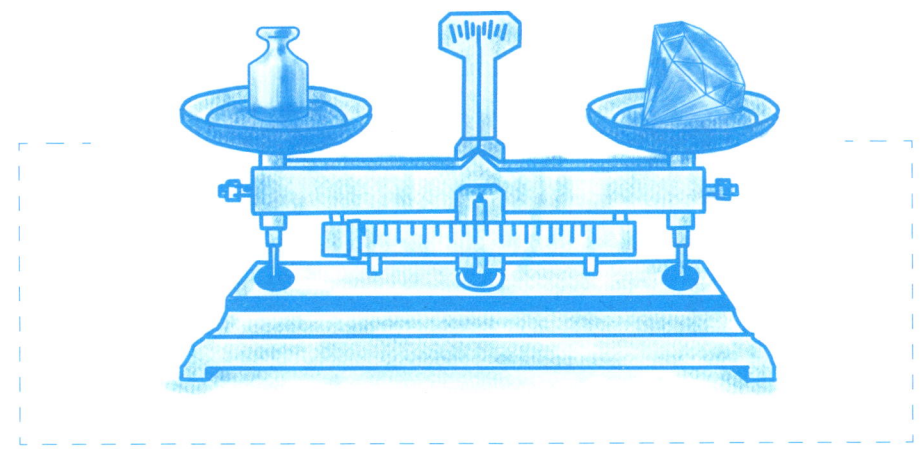

比如，8个钻戒大小一样，但其中有一个是假的，假的比真的轻，7个真钻戒重量一样，你能只用天平不用砝码称两次找出那个假钻戒吗？

正确的方法是：将8个钻戒按3、3、2分成三堆，第一次将两堆3个的钻戒分别放到天平两端。如果天平平衡，说明假钻戒在剩下的2个中，将剩下的2个钻戒分别放到天平两端，天平上扬那一端的就是假钻戒。如果天平不平衡，说明假钻戒在天平上扬那一端的3个之中。拿出3个中任意2个放到天平两端，如果平衡，剩下的那个就是假钻戒，如果不平衡，天平上扬那一端的就是假钻戒。

出处：《礼记·经解》："《易》曰：'君子慎始，差若毫氂，缪以千里。'"

释义：一点微小的误差，结果就会造成很大的错误。比喻做任何事情，开始一定要认真做好，如果做差了一丝一毫，结果就会相差很远。差：差错；毫厘：都是长度单位，十毫为一厘。

小锦囊：发现次品，马上找出，发现错误，及时纠正，这样才不会造成更大的损失。

得寸进尺

贪小便宜的李阿秀

在藤村,有一个很喜欢贪小便宜的人,叫李阿秀。

有一次,李阿秀去买肉,看到邻居小伍做起了卖猪肉的生意,就凑上前去说:"小伍啊,你今天第一天开业,我给你来个开门红吧。"

小伍笑道:"好啊,谢谢秀嫂了。"

李阿秀在猪肉摊前左看看右看看,说:"小伍,你这猪肉多少钱一斤啊?"

小伍说:"这前腿肉五块一斤,五花肉七块一斤,后腿肉四块……"

"哟,你卖那么贵啊。"李阿秀没等小伍报完价就嚷了起来。

小伍解释道："秀嫂，人家也这个价，我都打听过了，我可不敢乱抬价的。"

李阿秀看完了猪肉，用手在猪肉上这里捏捏，那里摸摸，然后又提到鼻子前闻了闻说："你这猪肉不新鲜了，价格怎么能和别人的一样呢？"

小伍一听就不高兴了，说："秀嫂，你要买就买，不买就算了，别拿这种话来砸我的生意，我卖的猪肉怎么会不新鲜？"

李阿秀看小伍有点生气的样子，忙又说："这样吧，你给我降点价，我买两斤。"

小伍想了想，说："也行吧，看在咱们是邻居的分上，我也不赚你钱了。"说完就割了两斤肉给她。可李阿秀拿了肉还不走，又看了一会，顺手就提走了猪肉旁边的一根猪肠子，说："小伍啊，人家做生意都是买一送一，你也一样吧。"说完就急匆匆地离开肉摊。

小伍赶紧叫起来："哎……秀嫂呀，我这里可不买一送一……"李阿秀可不管，装聋作哑地走得远远的了。

50寸电视机有多大？

成语"得寸进尺"中的尺、寸都是长度单位。古代与尺、寸同时使用的长度单位还有丈、分等。它们之间的换算关系是：1丈=10尺=100寸=1000分。

但现在经常说到的50寸电视机的"寸"却和古代的寸有很大的区别。

50寸电视机中的"寸"是英制长度单位英寸。1英寸≈0.0254米。

而且，50寸电视机的50寸是指电视机屏幕对角线的长度，而不是指电视机的宽度或者高度。

得寸进尺

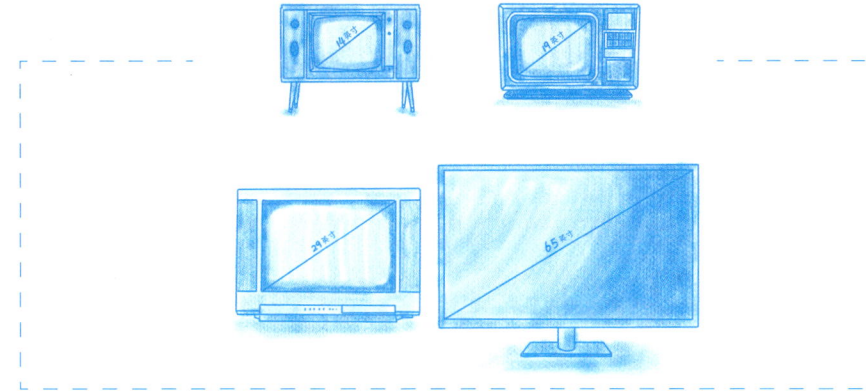

出处：《清史稿·食货志四》："小民惟利是图，往往得寸思尺。"

释义：得到一寸，还想要一尺。比喻贪心永不满足。

小锦囊：接受别人的馈赠时，不仅要礼节性地表示感谢，还要注意适可而止，以免给人留下得寸进尺的坏印象。

合而为一

|刘备与孙权联盟|

东汉末年,曹操统一了北方之后,实力大增,便决定带兵攻打南方。而此时,能与之抗衡的只有长江一带的孙权与湖北一带的刘备。

公元208年,曹操带了二十多万士兵南下,只有两万余士兵的刘备很是焦虑。刘备的谋士诸葛亮分析了当前的形势后,就建议刘备与长江一带的孙权联合起来对抗曹操。为了解除孙权的顾虑,诸葛亮对孙权说:"曹操虽然人多,但有七八万士兵是刚刚投降的荆州士兵,这些士兵虽然擅长水战,但不一定会真心服从于曹操,而曹操其他的士兵都是北方人,不擅长水战,并且长途跋涉而来,必定疲劳不堪,所以只要两国联合起来,这一仗必能打赢。"孙权听了诸葛亮的分析后,自觉有理,便答应与刘备联合起来对抗曹军。

作战时，曹操为了让士兵们能在船上行走，就下令把船用铁链锁在一起。当天夜里，刮起了东南风，孙权的大将周瑜就派手下黄盖驾驶着二十条军船假装去投降，而船上装满了浇有柴油的稻草。船一靠近曹军，孙权与刘备的士兵就同时点燃稻草，风呼呼地刮过来，一会儿火势就迅猛起来，把曹军的船也烧着了。曹军的船只被铁链锁着，来不及解开，曹操的军队因此损失惨重。这就是著名的以少胜多的赤壁之战。

统计学中的求和

这个成语让我们想到一个数学知识——求和。

赤壁之战时孙权和刘备的军队合而为一，共同谋划，统一指挥，终于以少胜多。合而为一就像数学中的求和一样。

在进行数学统计时，经常需要将一组数据的值全部加起来，这一统计方式就叫求和。比如进行春游时，把全班同学携带的零食放在一起，统计全班零食的数量时，只需要对每一位同学所带零食的数量进行求和即可。

在数学中，当统计的数据个数较多时，需要根据数据的特点采取不同的方式进行求和运算。

比如有一个数列为1、3、5、7、9、11，后一个数与前一个数的差都是2，我们将这种后一个数与前一个数的差都相等的数列叫等差数列。等差数列的求和公式为：

$$S = \frac{(a_1 + a_n)}{2} \times n$$

其中，a_1为第一个数，a_n为最后一个数，n为数的个数。

如果数列中后一个数除以前一个数的商都相等，这种数列就叫等比数列。如数列1、3、9、27、81、243、729，后一个数都是前一个数的3倍。等比数列的求和公式为：

$$S=\frac{(a_n \times q - a_1)}{(q-1)}$$

其中，a_1为第一个数，a_n为最后一个数，q为倍数。

当然，类似的数据类型还有很多，不同的类型有不同的求和方法。

斐波那契兔子数列

斐波那契数列指的是这样一个数列：1，1，2，3，5，8，13……。这个数列从第3项开始，每一项都等于前两项之和。

出处：《史记·春申君列传》："臣为王虑，莫若善楚。秦楚合而为一以临韩，韩必敛手。"

释义：合并在一起，合并为一体。

小锦囊：在生活和学习中，要善于团结他人，借助团体的力量来完成一件事情，这样既可以发挥各自的优势，又可以提高效率。

滥竽充数

南郭先生现形记

　　古时候,齐国的国君齐宣王非常喜欢热闹,比如吹竽也要300人一起吹他才高兴,所以他养了很多乐师,仅吹竽的乐师就有300人,每次演奏竽,300支竽一起鸣响,非常热闹,也非常有排场。

　　有个南郭先生,他听说了齐宣王的这个爱好,认为这是个非常好的"混吃混喝"的机会,于是他主动跑到齐宣王面前,吹嘘自己吹竽的技艺是多么高超:"大王啊,我是南郭这个地方最有名的乐师,男女老少听了我吹竽,无不为我的音乐所感动,花儿听了我吹竽都会害羞地低下头,月亮听了我吹竽都会悄然隐去。现在,我愿意把我的吹竽绝技献给大王,每天为大王演奏。"齐宣王听了非常高兴,未加任何考察就痛快地将南郭先生收入他的吹竽队伍中。从此以后,南郭先生天天和其他乐师一起合奏竽给齐宣王听。

其实，南郭先生并不会吹竽，但他混在300个吹竽的人的队伍中，模仿着别人的样子，别人怎么做动作，他就怎么做动作，所以齐宣王丝毫没有看出破绽来。于是南郭先生和大家吃一样的饭菜，拿一样的薪水，心里好不得意。

可是好景不长，过了几年，爱热闹的齐宣王死了，他的儿子齐湣（mǐn）王继承了王位。齐湣王也爱听竽，但他和齐宣王不一样，不喜欢听合奏，只喜欢听独奏，并要求300个吹竽的乐师轮流独奏给他听。这时，并不会吹竽而只会装装样子的南郭先生待不住了，选了一个机会连夜逃走了。

"数"在生活中的作用

这个成语提到了"数"，"数"在我们的日常生活中非常重要，也很常见。比如用来计数的：一个班级有30人，一个年级有12个班，一所学校有2000名学生，住房面积有120平方米。用来标记的：5年级6班，第3排第5列，某某路12号11栋302房间，高速公路350千米处。用来度量的：36度，18米，56公

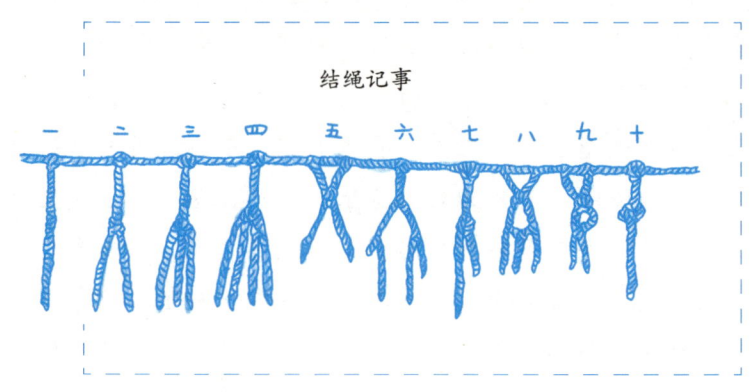
结绳记事

斤，等等。有了"数"的概念人们才能完成商品交换：1公斤苹果10元人民币；才能完成产品加工：生产的某零件直径要精确到10厘米±0.1毫米，等等。

远古人类由于没有先进的计数工具，计数非常困难。为了计数古人想了很多办法，比如为了统计数量而采用的结绳计数：准备很多绳子专门用来计数，每需要计一个数则在绳子上打一个结，最后统计绳结的个数；为了计时而采用的沙漏计时：准备较多的沙放进沙漏中，根据沙子留在沙漏中的多少记录时间的长短。

齐宣王对乐师数量的统计虽无问题，但他对乐师的统计规则却出现了问题，无法确认每一个乐师都会吹竽，因此留下了"滥竽充数"的笑话。

出处：《韩非子·内储说上·七术》："齐宣王使人吹竽，必三百人。南郭处士请为王吹竽，宣王说之，廪食以数百人。宣王死，湣（mǐn）王立，好一一听之，处士逃。"

释义：比喻没有真才实学而冒充有本领，混在行家里充数。或比喻以次充好。

小锦囊：南郭先生凭自己的"吹嘘"能力混进了国君的乐师队伍，他如果进入乐师团后能够利用丰富的学习资源虚心向乐师请教，相信几年以后南郭先生也会是一名出色的乐师。但他满足于现状，不思进取，终于在新的考核制度下现形，被乐师团淘汰。如果再有机会让南郭先生加入乐师团，南郭先生会怎样做呢？

李代桃僵

|程婴忍痛换婴|

春秋时期，晋国出了一个大奸臣叫屠岸贾，他一心想要灭掉对晋国有大功的赵氏家族。

有一次，屠岸贾率兵把赵家包围起来，赵家一家老小被杀了个精光。好在赵朔之妻庄姬公主在事发前回到了晋国的王宫中，才幸免一劫。屠岸贾知道后，又赶回王宫让晋景公杀死公主。晋景公念在姑侄情分上，不愿杀她。屠岸贾就另想了一条"斩草除根"的计谋。

当时，庄姬公主已经有孕在身，屠岸贾计划在婴儿出生之后把婴儿杀掉。他派兵进宫搜查，好在当时晋国的忠臣韩厥让自己的一个心腹假扮医生给公主看病，用药箱偷偷把婴儿带出宫外躲过了搜查。

屠岸贾知道后，立即悬赏缉拿。

这时候，赵家的忠实门客公孙杵臼与程婴商量救婴之计，程婴的妻子此时正好也生下了一个男婴，程婴说服妻子用他们的孩子替代赵氏家的婴儿，妻子忍痛答应了。公孙杵臼带走了程婴夫妇的孩子，程婴夫妇则守住了赵氏家的婴儿。屠岸贾误以为程婴家的婴儿就是赵氏家的骨肉，把程婴家的婴儿杀死后，他就放松了警惕。

程婴夫妇悲痛万分，抱着赵氏婴儿逃去了外地，此后一过就是十五年。赵氏家的孤儿长大成人后，知道了自己的身世，在韩厥的帮助下，率兵讨贼，终于杀了奸臣屠岸贾，报了血海深仇。

神奇的替代法

这个成语让我们想到一个非常有用的计算方法——替代法。

比如有个题目：计算 $2+2^2+2^3+\cdots\cdots+2^9+2^{10}$ 的值，我们当然可以一个数一个数地加，但是，我们还可以用一种神奇的替代法来计算，下面就介绍这种神奇的替代法。

我们先假设 $x=2+2^2+2^3+\cdots\cdots+2^9+2^{10}$，再观察一下可发现 x 共有10项数据，且每一项数据都是前一项数据的2倍。如果我们将每一项数据的值乘以2，得出的数据项为：

$2^2+2^3+2^4+\cdots\cdots+2^{10}+2^{11}$

此结果与未乘以2时相比发生了以下变化：少了一个2，多了一个 2^{11}。

根据以上分析，我们可以建立以下关系式：$2x=x-2+2^{11}$，所以，$x=2^{11}-2=2046$。

一般来说，如果有很多项相加，每一项的数与前一项数的比都是一个固定数时，都适合用这种替代法解题。

笛卡尔（1596—1650）最先使用未知数"x"

出处：北宋郭茂倩《乐府诗集·相和歌辞三·鸡鸣》："桃在露井上，李树在桃旁，虫来啮桃根，李树代桃僵。树木身相代，兄弟还相忘！"

释义：李树代替桃树而死。原比喻兄弟之间互相爱护，互相帮助。后转用来比喻以此代彼或代人受过。僵：枯死。

小锦囊：仔细想来，历史上也出现过多个李代桃僵的故事，有些是属于阴谋诡计，读来令人愤恨，有些则是饱含智慧，读来令人深思。但如果有一天，自己身边有李代桃僵的诡计发生，希望你能有一双慧眼，早日识破其中的内情，让冤者昭雪，让恶者现形。

立竿见影

华佗刮骨疗伤

东汉时期,有位神医叫华佗。他潜心钻研,医术相当全面,得到世人的肯定,行医足迹遍布多个地方,而他最擅长的是外科疗法。

有一次,关羽的右臂被毒箭射伤,伤情越来越严重,几个名医看过后,伤势也没见好转,后来有人提议让华佗来看看。

华佗千里迢迢赶来了,关羽看到他随和有礼,很有好感,便说:"您如果能把我的伤口治好,我一定会感激不尽的。"

华佗说:"将军啊,您的伤口其实不难治,就怕您忍受不了这种疗法的疼痛。"

关羽说:"先生,您尽管治吧,我是一个战场上打仗的人,死都不怕,还怕疼痛?"

华佗微笑道:"您这样的勇气令我钦佩啊!您中的箭是乌头毒箭,毒已深入骨髓,需要刮骨去毒,在刮骨的过程中,为了防止您的手臂因为疼痛而移动,等一会儿我会在房梁上钉一个铁环,把您的右臂伸进铁环中固定起来。"

关羽一听,说:"不用铁环,您就直接给我刮骨吧!"

手术开始了,关羽一边和谋士下棋,一边袒胸伸出右臂让华佗治疗。华佗用消过毒的尖刀割开了关羽的胳膊,看到骨头已变成青色。华佗就用刀将骨头上的箭毒刮净,然后缝合复原,敷上药,包扎好。

刮骨时,纵然十分疼痛,关羽的手臂却没有移动半毫,这令华佗称赞不已。刮骨刚结束,关羽立即站起来对华佗说:"我的右臂已经不疼了,您的医术真是立竿见影啊!"

太阳画出的相似三角形

这个成语让我们想到一个几何知识——相似三角形。

在阳光下竖起一根竹竿,立刻就会在地上看到竹竿的影子,而且同时画出了一对相似三角形:竹竿的两个端点与影子的端点构成了一个三角形;太阳作为一点,从这个点向地球表面作垂线与地球的交点,再加上影子的端点又构成了一个三角形,这两个三角形是相似三角形,而且太阳、竹竿的上端点、影子的前端点在同一条直线上。

在数学上,把三个角都对应相等或三条边长对应成比例的两个三角形叫相似三角形。

为了证明两个三角形相似,不需要证明三个角都对应相等或三条边都对应成比例,只需要按相似三角形的判断定律证明即可。

立竿见影

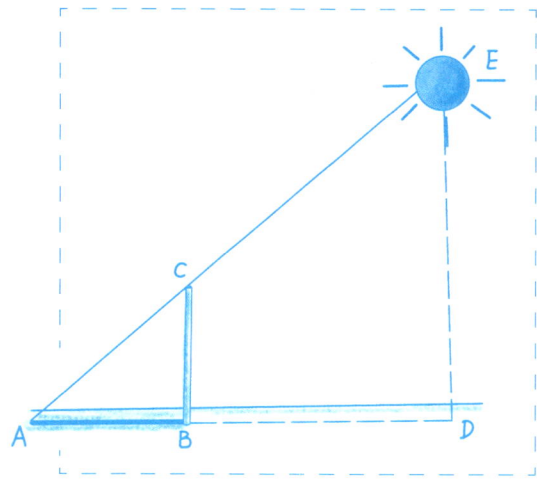

相似三角形的判断定律有很多，试举一例：

如果两个三角形的两条边长对应成比例，且夹角相等，那么这两个三角形就是相似三角形。

相似三角形的高、中线、角平分线长度都对应成比例。

出处：宋代朱熹《参同契考异》："立竿见影，呼谷传响。"

释义：在阳光下把竿子竖起来，立刻就能看到影子。比喻立刻见到功效。

小锦囊：知道了"立竿见影"的原理后，还可以根据物体的投影辨别方向。比如在原始森林里虽然看不到太阳在哪里，但根据投影再结合时间就可以大致判断方向：上午的投影方向大致为西方，下午的投影方向大致为东方。

立锥之地

|郦食其的建议|

秦朝灭亡后发生了楚汉之间的战争,西楚项羽力量很强大,汉地的刘邦难以抵挡,正在紧急关头,刘邦找来郦食其帮忙出谋划策。郦食其想了想说:"大王,您知道秦国灭亡的原因吗?那是因为秦王没有德望,不讲义气,因而得不到百姓们真心实意的拥护。秦王灭掉六国后,让百姓们处在狭小得只能立下锥尖的地方,百姓们无法生活啊,所以他们才会联合起来反对君王。如今您可以让他们都回到自己的国家,享有一片自己的天地,那他们就会拥护您而去反对项羽了。"刘邦听后,觉得有道理,就命令郦食其去办此事。

后来,刘邦的谋士张良听说了这件事,就急匆匆地来找刘邦。当时刘邦正在吃饭,张良一进门就说:"大王啊,是谁替您出的馊主意，您如果按他的说法去做，您的大业恐怕就要毁于一旦了。"刘邦看他急成这样，便追问原因。张良拿过刘邦手中的筷子，一边比画一边分析道："您如果让六国的百姓重新回到自己的国家，那么他们都各自回去效命于他们的君王了，这样的话，您还依靠谁去打天下呢？再说，现在楚军强大，六国自然会屈从于项羽，到时你不但得不到他们的帮助，或许还会遭到他们的攻击呢！"刘邦一听，觉得张良的话有理，气得拍桌子骂道："郦食其，你差点儿坏了我的大事。"

什么叫圆锥

这个成语让我们想到一种几何体——圆锥。

郦食其向刘邦描述秦国灭掉六国后，百姓们生活在狭小得只能立下锥尖的地方。这里的"锥"实际上就是指几何体圆锥。那么，这个"立锥之地"究竟有多大呢？

以直角三角形的一条直角边所在直线为旋转轴，其余两边旋转形成的面所围成的旋转体叫作圆锥。这条直角边就叫圆锥的轴。

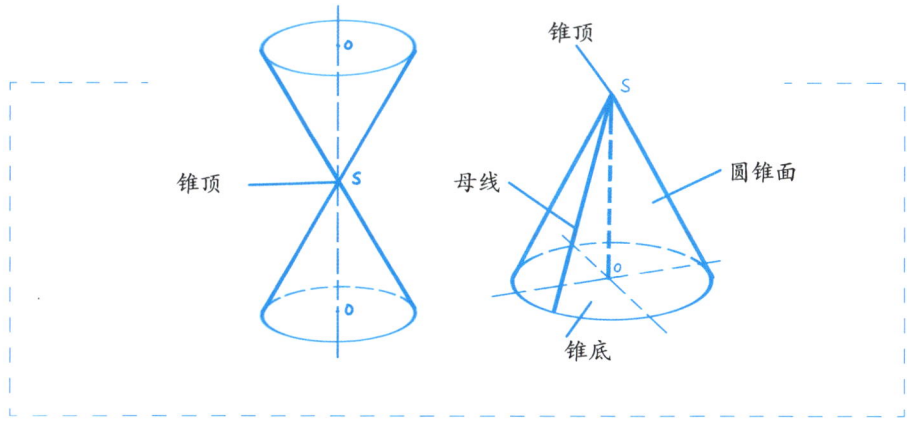

如果我们画出这样一个圆锥，就能发现锥尖实际上只有一个点那么大，所以它的面积是非常小的。

圆锥具有以下性质：

1. 圆锥面展开后是一个扇形。

2. 从旁边看圆锥，侧视图是一个等腰三角形；而从上往下看，俯视图是一个带有圆心的圆。

3. 圆锥的体积等于底面积乘以高除以3，即：底面积和高都相等的圆锥和圆柱，圆锥的体积只有圆柱体积的$\frac{1}{3}$。

出处：《庄子·杂篇·盗跖》："今丘告我以大城众民，是欲规我以利而恒民畜我也，安可久长也！城之大者，莫大乎天下矣。尧舜有天下，子孙无置锥之地。"

释义：安放锥子的地方。比喻极狭小的地方。亦比喻赖以安身立命之地。

小锦囊：一个人所需要的生存空间实际上不是很大，但倘若只有"立锥之地"的空间，那也是很可悲的。要想拥有一片更广阔的天地，需要我们通过智慧与能力去争取。

宁折不弯

宁死不屈的刘胡兰

抗日战争时期，山西省文水县出了一个女英雄，叫刘胡兰。

刘胡兰于1946年加入中国共产党，并被调回云周西村（今刘胡兰村）领导当地的土改运动。其间，她协助共产党消灭了当地专门为山匪派粮派款、递送情报的叛徒，而后遭到山匪的报复。

1947年1月12日早晨，敌人包围了云周西村，刘胡兰因叛徒告密而被捕，而后，敌人又抓捕了几名共产党员，并强迫全村群众到现场观看。刘胡兰被敌人威胁出场指认共产党员，她坚定地拒绝了。敌人看她不吃软的，就来硬的，直接把她往死里逼，她却一点儿也不害怕，昂首挺胸道："怕死不当共产党。"

刘胡兰软硬不吃，敌人拿她没办法，只好把枪口对准群众。他们妄图用血腥的屠杀来逼迫刘胡兰，就在敌人开枪的瞬间，刘胡兰大义凛然地用自己的身体挡住了枪口，大声呵斥敌人："住手！要死我一个人死，不许伤害群众。"

刘胡兰宁死不屈的精神被传为佳话，刘胡兰成为了一名永垂不朽的女英雄。

弧线和折线

这个成语让我们想到两个几何图形——弧线和折线。

在几何中，我们把一条直线弯曲后的形状叫弧线，把一条直线打折后的形状叫折线。

拿出一张弓用力拉，弓的形状就呈弧线形。拿起笔在纸上画一个圆，然后用橡皮擦擦掉其中一段，剩下的部分也是一个弧。所以，弧可以看作圆的一部分，它有长度，叫弧长，也有圆心，叫弧心。弧心与弧的距离叫弧的半径，弧心与弧的两端相连后形成的角叫弧心角。

如果在弧上任意取一个点，将这一点分别与弧的两个端点连接起

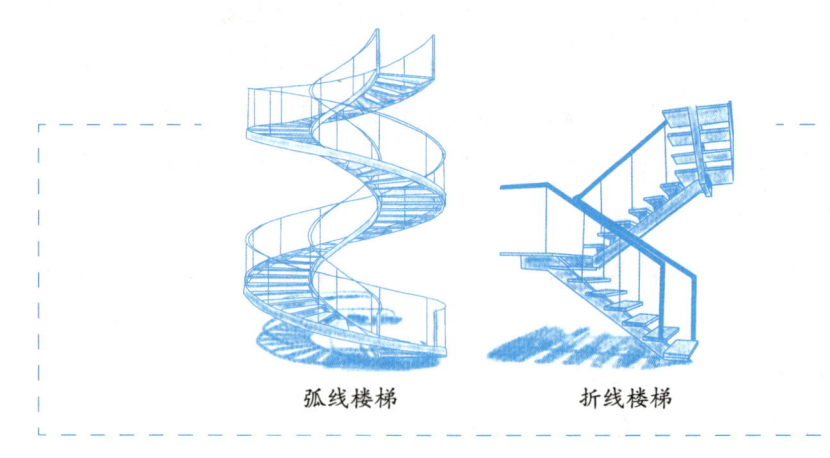

弧线楼梯　　　　折线楼梯

来，就形成了一条折线，这条折线实际上是由两条直线相交构成的，我们也可以将这两条直线构成的图形称为一个角。

角是几何中常用的概念，角的大小叫角度，可以用量角器测量出来。

如果原地站立旋转一圈，旋转的角度为360度，如果从正东方转到正南方，旋转角度就是90度。我们常说的垂直实际上就是指两条直线所成的角度为90度。一条直线也可看成一个角，它的角度等于180度。

仔细研究一下我们看到的某两条相交的直线，它们所成的角的角度应该是多少？有什么特点呢？

出处：《齐民要术·卷五·种榆白杨》："白杨性甚劲直，堪为屋材，折则折矣，终不曲挠。"

释义：本指白杨木受到外力的作用，只会折断而不会弯曲变形。后用来比喻宁可死亡也绝不屈服妥协。

小锦囊：当我们在学习上遇到挫折的时候，当我们的信念受到挑战的时候，拿出"宁折不弯"的勇气，勇往直前，坚持下去，挫折就会变成坦途。

抛砖引玉

|常建抛砖引玉|

唐朝时，有一个叫常建的人很喜欢写诗，可是每次完成一首诗，他总感觉有些不如意，哪里不如意自己又说不出来，为此，他一直很苦恼。他听说有一个叫赵嘏（gǔ）的人，诗写得特别好，便很想去拜见他，可是由于路途遥远，又抽不出时间前往，因此拜见赵嘏这件事就一直拖了下来。

恰巧有一次赵嘏要来苏州游玩，常建听后十分高兴，可又不知要如何才能向他请教诗词方面的问题，他想了一天一夜，终于想到了一个法子。他想，赵嘏来苏州必定要去灵岩寺看看的，于是，他就提前在灵岩寺的墙上题了半首诗。

果然，赵嘏来到灵岩寺看到常建题的半首诗便凝眉沉思起来，想了半分钟后，他便提笔在下面补了两句。常建那首本来很普通的诗，被赵嘏添上两句后，立刻就变得精妙了，路过的人看到后，纷纷点头称赞。

经过这件事后，人们常常说常建的这个办法简直就是"抛砖引玉"。

美丽的抛物线

这个成语给我们画出了一条美丽的曲线——抛物线。

成语"抛砖引玉"字面的意思是指抛出砖头，引来玉石。如果真有人拿起砖头往前上方抛出，那么砖头在空中运动的轨迹就是一条抛物线。

抛物线是生活中比较常见的一种曲线，也是几何中常见的一种曲线。生活中，将一个物体向前上方抛出所形成的轨迹就是抛物线，射击时子弹飞行的轨迹也是抛物线，运动场上羽毛球、足球、乒乓球等

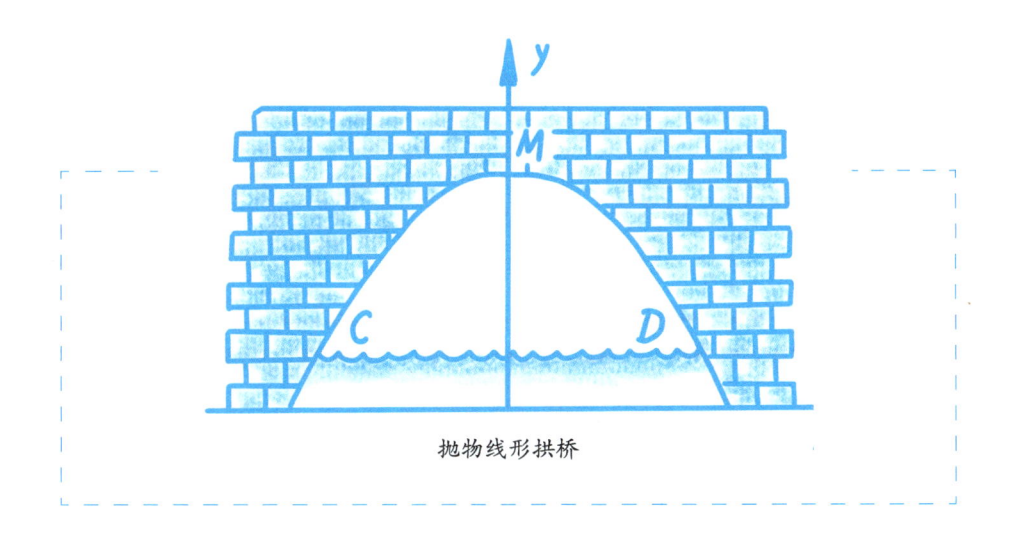

抛物线形拱桥

的运动轨迹也是抛物线。

抛物线在几何中的描述是：平面内到一个定点和一条定直线距离相等的点的轨迹。其中的定点叫抛物线的焦点，定直线叫抛物线的准线。

除此之外，抛物线还是轴对称图形，它的对称轴简称轴。但我们抛出砖头时砖头所画出的轨迹没有对称轴，因为它只是抛物线的一部分，不是一条完整的抛物线。

出处：宋代释道原《景德传灯录·卷十·赵州东院从谂禅师》："大众晚参，师云：'今夜答话去也，有解问者出来。'时有一僧便出礼拜。师云：'比来抛砖引玉，却引得个墼子。'"

释义：抛出砖头，引来玉石。用没有价值的事物引出有价值的事物。比喻用粗浅、不成熟的意见引出别人高明、成熟的意见。是一种自谦的说法。

小锦囊：我们开会发言时，为了引出别人的话题，自己可以先说出个人的看法，然后自谦地说："刚才的发言只是抛砖引玉。"在平时的学习生活中，要想向别人请教，不妨用一用"抛砖引玉"的方法。

千金一笑

不爱笑的褒姒

西周时期的周幽王是一个不善于治理国家的昏君。他有个爱妃叫褒姒，长得美丽动人，却不爱笑。周幽王每天看着美人在自己眼前走来走去，脸上却没有笑容，很是疼惜。他想：褒姒这么美的女人不愿意笑，是为什么呢？为了博得美人一笑，周幽王就派人贴出公告：只要有人能让褒姒笑起来，就可以得到千两黄金的奖励。许多人看到公告后，都前来一试，可没有一个人能令褒姒开怀一笑。

忽然有一天，大臣虢石父想出了一个主意，他说："我们派人在烽火台上点火，各个诸侯王一看到烽火台上的火，以为有敌人入侵，就会纷纷前来相救，等他们冲过来后，看到大王和妃子站在这里相安无事，一定会很失落。那时候，妃子恐怕不笑都难了。"周幽王听后觉得不错，于是就派人在烽火台上点火。果然，各个诸侯王看到烽火台上的火后，都带领着人马匆匆前来救援，结果发现并没有敌人入侵。褒姒看到这种局面，果然开怀大笑起来，虢石父也因此拿到了千两黄金。

周幽王看到褒姒笑，自己也高兴，后来又多次点燃烽火，诸侯们上当多次后，都不相信了，渐渐地就不来了。后来，敌人真的来攻打时，周幽王再次点燃烽火，可没有诸侯王来营救他，周幽王因此丧命。

"一笑"值多少钱？

成语"千金一笑"中的"金"今天一般指黄金。

黄金和我们生活中常见的铁、铜、银一样，都是金属。黄金数量稀少，是首饰业、电子业、现代通讯业、航天航空业等的重要原材料。

在我们的生活中常见的黄金制品是黄金首饰。黄金较软，黄金首饰通常都是用金、银、铜按一定比例熔合而成的，首饰中的黄金又称为K金，1K金的含金量约为4.1666%。

根据这一换算关系可以算出：9K≈37.5%，18K≈75%，24K≈99.6%。24K金又称为足金。

由于9K金的含金量只有约37.5%，国家规定，低于9K的不能称之为黄金首饰。

根据黄金的特点和用途，资本市场开设有黄金期货交易市场，每时每刻的交易价格都受各种因素的影响而不停波动。比如一段时间黄金的买入价格为每克249.45元人民币。

如果成语"千金一笑"中的"千金"指1000两黄金，按照现在

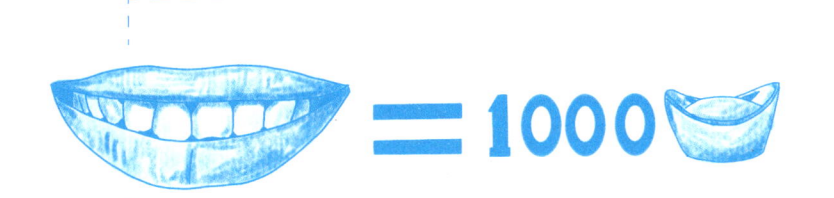

一两等于50克计算,它的价格即为1000×50×249.45=12472500元≈1250万元。笑一笑可值一千多万元,可见褒姒的笑容是多么"值钱"了。

出处:宋代张孝祥《虞美人》词之六:"倩人传语更商量,只得千金一笑也甘当。"

释义:用来形容美女的笑容很难得,十分珍贵。

小锦囊:笑容是人类与生俱来的本能。人们常说笑一笑十年少。笑不仅是人们心情愉悦的表现,而且还能带给别人轻松愉快的感觉,带给自己健康的身体和愉快的心情。朋友,你笑了吗?

擎天之柱

|朱才是根顶梁柱|

古时候,有两人,一个叫高才,另一个叫朱才。高才一米八的身高,长得一表人才,很受大家喜欢,而朱才呢,都二十多岁了,只有七岁小孩的个头那么高。

高才家庭较富裕,可以说是衣来伸手,饭来张口的公子哥。而朱才呢,生于贫困家庭,父母长期因病卧床不起,还有几个等着吃饭的弟弟妹妹,生活的重担都压在了朱才一个人肩上。

朱才早上五点多钟就要起床,给父母和弟弟妹妹做早餐,之后又要忙着出去割猪草、砍柴,挑到集市上去卖。到了中午,又要跑回家给家人做午饭,自己连一口饭都没来得及吃,又要奔去雇主家干活。久而久之,大家对朱才都生出了几分敬意。

有一次，高才在集市上听到人们在拿他和朱才比，他们说朱才虽然个子矮小，志向却不矮，是根顶梁柱呢。而说到高才时，认为高才虽然长得高，可是什么事都不会做，这和三岁小孩有什么区别。高才听了很不服气，心想朱才能做的事他一样能做。于是，他就来到朱才家，让朱才把一天要干的活全部交给他做。朱才推辞了好久，推辞不过只好答应了。

结果第二天，太阳已经升到半空中了，高才还躺在床上呼呼大睡。朱才看看他，自言自语地说道："顶梁柱可不好当啊！"

圆柱的世界

这个成语让我们想到一个几何体——圆柱。

我们都看过《西游记》这部电视剧，孙悟空的金箍棒原来是东海的定海神针，这根定海神针如果放到陆地上就是一根"擎天之柱"，定海神针就属于圆柱。

几何上对圆柱的定义是：以矩形的一边所在直线为旋转轴，其余三边旋转360度形成的面所围成的旋转体叫作圆柱。其中，作为旋转轴的边叫作圆柱的轴，轴的长度（即矩形的长）叫作圆柱的高，记作h；矩形的宽叫作圆柱的底面半径，记作r。

与圆柱相关的计算公式有：

圆柱的底面积=$\pi \times r^2 \times 2$（因为有上底面、下底面两个面）

圆柱的侧面积=$2\pi \times r \times h$

圆柱的表面积=圆柱的侧面积+圆柱的底面积

圆柱的体积=$\pi \times r^2 \times h$

生活中圆柱比较常见，比如水杯、笔筒、铅笔、牛奶瓶、垃圾桶等。

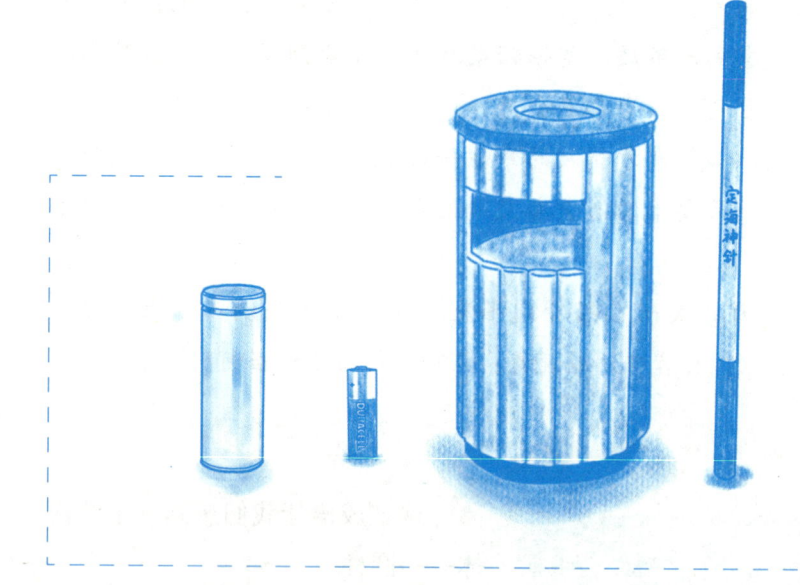

出处：宋代张君房《云笈七签》卷一〇三："擎天之柱著功勋，包罗大海佐明君。"

释义：能托住天空的大柱子。古代神话传说昆仑山有八柱擎天。后用以比喻能担负重任的人。擎：向上托。

小锦囊：我们每个人都会有大大小小的责任，当我们把重任扛下来后，有可能会成为家庭的"擎天之柱"，有可能会成为单位的"擎天之柱"，也有可能会成为行业的"擎天之柱"。而现在的学习就是为将来当好"擎天之柱"做准备。

权衡轻重

生命和金钱哪个重要

从前,有一个人叫马新,他在外地做生意赚了一笔钱。过年的时候,他把赚来的钱全部放在一个包袱里,准备带回家孝敬父母。

回家路上要经过一条江,他和几个游客一起上了一条小船,船到江心的时候,突然下起了暴雨,刮起狂风,小船摇摇摆摆,几次差点被大风大浪掀翻,大家都很焦急。有个游客看见马新到了这个紧要关头还紧紧地抱着他的包袱,便说:"都到这个份上了,逃命要紧,要是小船翻了,你这包袱就得赶紧扔掉,否则性命难保啊。"马新听他这一说,不仅不放下包袱,反而抱得更紧了。游客看他如此,叹口气说:"留得青山在,不怕没柴烧。这个道理你总该懂吧。"马新就说:"你不用担心我,我游泳技术很好,就是拿着包袱也可以游过江去。"正说着,一个巨浪扑了过来,船翻了,一群人落入了江中。

为了逃命,大家都把身上的东西丢掉了,只有马新一只手抱着包袱,一只手用力地往前游,刚开始还能支撑住,游了一段时间后,马新便累得筋疲力尽。那个游客看到后,赶紧劝他:"把包袱扔了吧,再不扔你就要沉下去了。"马新摇摇头,仍然不愿扔掉包袱。又游了一会儿,他实在没有力气了,整个身子就随着包袱渐渐地沉了下去,在沉下去的那一刻,他仍然把包袱抱得紧紧的,游客看到后,长叹一声,说:"真是一个不懂得权衡轻重的人啊,钱是身外之物,怎么能比命还重要呢!"

有趣的称重问题

这个成语让我们想到一个有趣的数学问题——称重问题。

马新落入江中后,一直紧紧地抱着他装钱的包袱,直到沉入水里。游客看到后都叹息地说他是一个不懂权衡轻重的人。权衡轻重在数学上是一个重要的问题,叫称重问题。

权衡轻重

比如有一个天平，配有1克、2克、4克、8克、16克、32克、64克共7个砝码，问这个天平可以称出多少种不同的质量？

这是一个非常有趣的问题，因为除1克的砝码外，每一个砝码都是其中某一个砝码的两倍重。7个砝码组成2^0、2^1、2^2、2^3、2^4、2^5、2^6数据序列，如果用二进制数表示，可以表示为A=1111111，A的每一位代表1个砝码，最右边的一位代表1克的砝码，最左边的一位代表64克的砝码，当该位置为0时表示不使用该砝码，为1时表示使用该砝码，比如1101110，表示从左到右第3种和第7种砝码不使用，即16克、1克这两种砝码不使用，其余砝码均使用，这样称出的质量=2+4+8+32+64=110，实际上这也是二进制数1101110转化成十进制数后的值。所以，7种砝码可称出不同质量的种类等于二进制数1111111转化成十进制数的值，即127。

出处：《庄子·外篇·胠箧》："为之权衡以称之。"

释义：衡量哪个轻，哪个重。比喻比较利害得失的大小。权衡：衡量。

小锦囊：当我们在生活和学习中遇到需要做选择的时候，就可以用"权衡轻重"的方法进行比较，然后再做决定。

权知轻重，度知长短

|朱官的生意经|

从前，有一个卖猪肉的人叫朱官，他卖肉很奇怪，不用秤去称，只用手来掂量猪肉有几斤几两，然后就卖给人家。

起初大家觉得朱官这样做是想缺斤短两，但朱官却胸有成竹地说："如果少你一两，我多送你一斤。"大家看他这样有把握，也就信了，然后拿回家一称，发现朱官卖的猪肉不仅没少，反而还多出二两来，久而久之，经过大家的传播，朱官的生意越做越好了，大家买得也很开心。

朱官的生意一好，同样是卖猪肉的生意人就惨了。有一个叫阿牛的生意人，就在朱官旁边卖猪肉，他对朱官的做法很不满。有一次，他实在忍不住了，就冲到朱官面前说："大家都是做生意的，你这样做，让其他生意人怎么做？"朱官就说："那你也可以学我这样做啊。"阿牛没有办法，只好每次给客人称猪肉时多称出那么二两，并且拿着秤递给客人看，说："你看看，我卖的猪肉可是实打实地白送二两，可不像朱官那样，用手掂一掂，一点儿准确度都没有。"客人听了觉得也有理，实打实地白送二两，更实在一些，因此，阿牛又把客人都拉了过去。

朱官看这情形，后来也只好用上了秤。

巧算24

虽然说"权知轻重，度知长短"，但朱官卖猪肉的时候不用秤称，只用手就可以掂量出猪肉有几斤几两，是因为"度"在他心里，"权"在他手上。这种能力是他长期练习得来的。

数学中也有很多问题需要经常练习才能顺利解决，比如"巧算24"的问题。

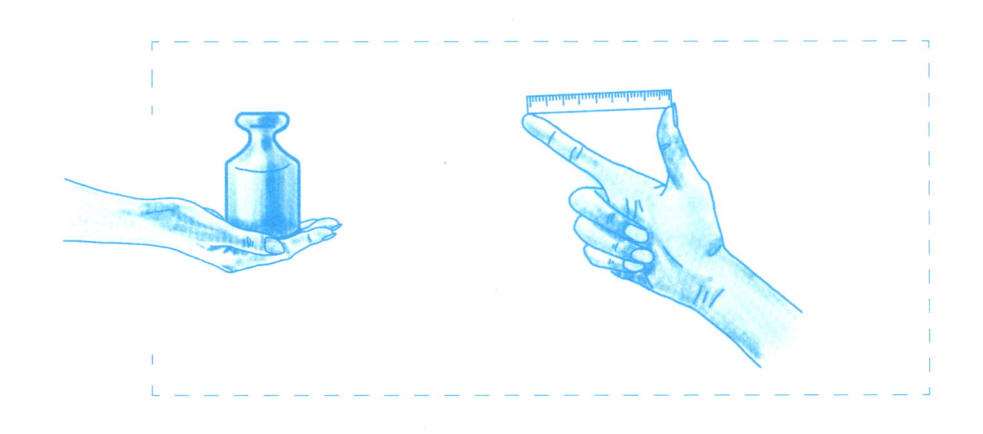

使用+、−、×、÷以及（）将下面这些数组成一个算式，使结果等于24。

（1）10、3、2、3　　（2）3、3、2、2

（3）4、4、5、8　　（4）8、3、8、3

解题的思路是：24可以分解成1×24、2×12、3×8、4×6，根据这一思路，可以很快解出（2）为（3+3）×（2+2）=24，（3）为（4+4−5）×8=24。

除了最后的运算为乘法外，24还有可能由加减法获得，所以，（1）的结果为10×3−2×3=24。

（4）则比较复杂，因为它只能用÷，而且运用了除数是分数时相当于乘以它的倒数的算法，最后的结果是：8÷（3−8÷3）=24。

出处：《孟子·梁惠王上》："权，然后知轻重；度，然后知长短。物皆然，心为甚，王请度之。"

释义：称一下才知道轻重，量一下才知道长短。比喻要想对事物做出正确的判断，必须先查明情况。权：权衡，估计；度：量。

小锦囊：我们遇事要学会冷静分析，沉着应对，要先把事情的来龙去脉搞清楚，把事情的利弊得失衡量一下，不同的解决方案都考虑清楚，做到胸有成竹，才能取得最佳效果。

群分类聚

森林的国度

在一片大森林里生活着很多动物，动物们常常在森林里相遇，如果遇到自己的同类，彼此都会说说话，可是很多时候，大家遇到的都不是自己的同类，比如老虎遇到猴子，大象遇到长颈鹿，鸵鸟遇到乌鸦……由于不同动物之间的交流方式不一样，所以这种相遇显得很没意义，彼此也就擦肩而过了。

后来，动物们就决定要像人类一样把森林分成几个国家，大象归大象国，猴子归猴子国，老虎归老虎国……并且动物们只能在自己的国度里出没，如果越界到其他国度，就会受到相应的惩罚。

森林国度建立不久，老虎和狮子们很不习惯这样的生活，因为它们都是肉食动物，以其他动物为食，而建立国度后，它们就很难再见到其他动物的身影了，想吃一顿美味简直是难如上青天。它们饿得实在不行时，老虎和狮子们就联合起来抗议了：要重新划分国度。

动物们只好重新讨论，大象提议说，按动物的脚来分类，四只脚的为一个国度，三只脚的为一个国度，两只脚的又为一个国度。这个提议得到了很多动物的赞同，可是一只只有三条腿的狼跳出来抗议道："不行！不行！像我这种残疾的动物太少了，我的国度太小，我不同意！"只要有动物不同意，国度就没法划分清楚，大家只好又继续讨论，讨论了三天三夜，方案还是定不下来。

大家实在累坏了，一只小鸟索性就说："森林都是大家的，大家还是别分了吧。"大家一听，纷纷点头同意。

分类数正方形

这个成语让我们想到一个数学知识——分类统计法。

森林里的动物们虽然没有将"群分类聚"的想法贯彻实施，但毕竟现实的问题让它们想到了这个方法。在解决有些数学问题时，也需要采用"群分类聚"的方法。

例如：右图是由20个边长为1的小正方形组成的一个大长方形，问图中一共有多少个正方形？

回答这个问题时，如果我们随便数，可能数来数去也数不清。那么，何不借助于"群分类聚"的方法呢？

将边长为1的正方形设为一类，共 $5×4=20$（个）。

将边长为2的正方形设为一类，共 $4×3=12$（个）。

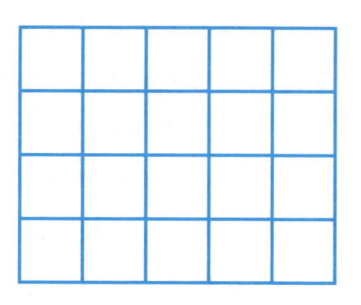

群分类聚

将边长为3的正方形设为一类,共3×2=6(个)。
将边长为4的正方形设为一类,共2×1=2(个)。
所以,图中正方形的个数为20+12+6+2=40(个)。

出处:《周易·系辞上》:"方以类聚,物以群分,吉凶生矣。"

释义:同类的事物聚合在一起,不同的事物以类区分。指人或物按其固有的共性分类。

小锦囊:在生活中也要养成"群分类聚"的好习惯,比如可以将自己的物品清晰分类,找东西时就很容易找得到。

入木三分

|王羲之练字|

　　王羲之是东晋有名的书法家，他的书法一直被世人称颂，这当然与他的天资有关，但更重要的还在于他刻苦练字的精神。他为了把字练好，时刻都在想字体的结构，分析字的骨架和笔势的运用，连走路、吃饭的时候也没停过，思考的时候还常常不停地用手指头在衣服上画、写，时间久了，连衣服也被划破了。

　　王羲之喜欢在池塘边练字，练字时，他神情专注，达到了两耳不闻窗外事的境界。练完字，他就在池塘里清洗笔砚，日日如此，时间久了，路过的人发现整个池塘的水已经变黑了，可见王羲之练字所下的功夫不是一般的深。

　　王羲之也很喜爱鹅。有一次，他来到道观游玩，看到一群鹅，优雅美丽,就请求道士卖给他。观里的道士早就钦慕他的书法,便请他写《黄庭经》作为交换,王羲之爱鹅心切,提笔就给道士写了起来,道士看着王羲之的字真是心花怒放,便把鹅送给了他。后来,王羲之还把他的"爱鹅情结"运用到了他的书法里。有一回,他在河边观看几只鹅戏水,看着看着,发现鹅的戏水动作与写字时的运笔有几分相似,这个发现对他后来研究书法有很大的帮助。

王羲之的字越练越传神,有一次,皇帝要到北郊去祭祀,让王羲之把祝词写在木板上,再派工人雕刻。工人在雕刻时非常惊奇,他发现王羲之的字的墨汁竟然渗入木头有三分之多。他因此赞叹道:"王羲之的字,入木三分呀!"

分数知识

这个成语带给我们一个数学知识——分数。

分数是整数不能表述时产生的一个概念。比如:1天有24个小时,1个小时等于60分钟,如果一堂数学课40分钟,还有20分钟的休息时间,那么在这1个小时之内,数学课占$\frac{2}{3}$,休息时间占$\frac{1}{3}$。再比如,兄弟俩共吃1个苹果,每人吃一半,那么每人吃了1个苹果的$\frac{1}{2}$。

与整数相比,分数必须有2个数,分别作为分子和分母。如果把某个物体或事物的整体看成"1",把"1"平均分成若干份,分母就是总的份数,分子就是实际所占份数。在写法上,分母写在分数线的下面,分子写在分数线的上面。在以上举例中,$\frac{2}{3}$的分子为2,分母为3;$\frac{1}{2}$的分子为1,分母为2。

成语"入木三分"中的"三分"相当于把木板的厚度看成一个

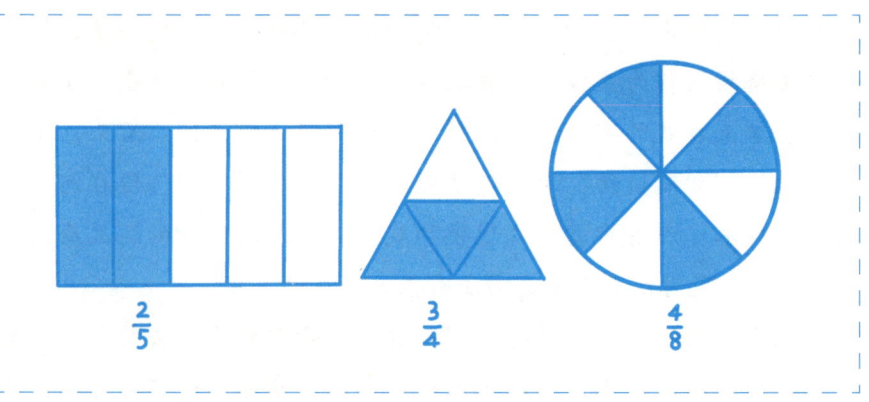

$\frac{2}{5}$ 　　　$\frac{3}{4}$ 　　　$\frac{4}{8}$

整体，并平均分成10份，那么王羲之写的字渗进木头的厚度占木头总厚度的$\frac{3}{10}$。这是一种夸张，是用来形容王羲之的书法极有笔力。

出处：唐代张怀瓘《书断·王羲之》："王羲之书祝版，工人削之，笔入木三分。"

释义：原来是形容书法极有笔力，现在多比喻分析问题很深刻。

小锦囊：王羲之"入木三分"的书法功底是他刻苦努力、勤于钻研得来的。他能从鹅的戏水动作中找到写字的运笔原理，我们在生活和学习中也应该向王羲之学习，善于从其他现象中总结规律。

三分鼎足

重情义的韩信

楚汉战争时期，有个杰出的军事家叫韩信，他是一个十分重情义的人。

有一回，汉王刘邦派他领兵去攻打齐国。于是，韩信引兵东进，还没到达平原渡口时，得知说客郦食其已经到齐国劝说齐王归汉，韩信便想停止进攻。韩信的谋士蒯通便劝他："将军奉汉王之命去攻打齐国，虽汉王已派密使说服齐国归顺，但有命令您停止进攻吗？况且郦食其不过是个说客，能凭三寸之舌就降服齐国七十多个城邑吗？将军统帅几万人马，一年多的时间才攻占赵国五十多个城邑，一个将军反倒不如一个说客吗？"韩信听了，觉得蒯通的话有理，便继续引兵进攻齐国。

公元前203年，韩信终于一举灭了齐国，被汉王刘邦封为齐王。这时候蒯通详细分析了天下的形势，他认为韩信是一个举足轻重的人物，便劝他不要跟随刘邦，干脆自立为王算了，这样一来，就可以与楚汉三分天下。韩信却说："汉王对我待遇优厚，我坐他的车子，就要分担他的祸患；穿他的衣裳，心里就要想着他的忧患；吃他的食物，就要为他的事业效劳，我怎么能够图谋私利而背信弃义呢！"

三角形的特点

这个成语让我们想到一个几何图形——三角形。

蒯通向韩信描绘出的自立为王后的局势为：与楚、汉鼎足而立，三分天下。如果将这三国的中心点用线段连接起来，所画出来的图形就是三角形。

三角形有三个角、三条边、三个顶点。古代的烹煮器具鼎中的三只脚就像三角形的三个顶点，脚与脚之间的连线就像三角形的三条边。

三角形是最稳定的图形。所以在修建桥梁时，支撑桥身的支架多由三角形构成。

三角形任意两条边的边长相加一定大于第三条边的边长，任意两条边的边长相减一定小于第三条边的边长。

出处：《史记·淮阴侯列传》："诚能听臣之计，莫若两利而俱存之，三分天下，鼎足而居。"

释义：指像鼎的三只脚一样各立一方，并立对峙。"鼎"是古代用于烹煮的器具，多用青铜制成，一般圆形三足。

小锦囊：虽然蒯通"三分鼎足"的建议没有被韩信采纳，但从他劝韩信攻打齐国的语言中可以看出蒯通的文韬武略。谋士可以高瞻远瞩地为主人、为国家出谋划策，我们也可以为自己规划好人生。

上屋抽梯

刘琦上屋抽梯

东汉末年，有一位名士叫刘表，长得高大英俊。

刘表生有两个儿子，长子叫刘琦，次子叫刘琮。起初，刘表因为刘琦长得与他相似，就更加疼爱他一些。后来，由于刘琮娶了刘表第二任妻子的侄女，所以刘琦就常常遭受后母的恶言相待，刘表对刘琦的疼爱也慢慢减弱。

刘琦为此非常害怕，觉得处在这样的环境中迟早会被后母害死。后来，他就找来诸葛亮为他想办法。可是诸葛亮迟迟不愿帮他，他非常苦恼。

有一天，刘琦约诸葛亮到一座高楼上饮酒，饮酒之时，刘琦暗中派人拆走了梯子。刘琦说："今天上只有天，下上只有地，老师您的话只能进入我刘琦的耳朵里,你尽管放心赐教于我吧。"诸葛亮见状,无可奈何,便给他讲了一个故事。

春秋时期,晋献公的妃子骊姬想谋害晋献公的两个儿子申生和重耳。重耳知道骊姬居心险恶,就逃亡国外。申生为人厚道,要留在家里侍奉父王。有一日,申生派人给父王送去好吃的,途中却被骊姬用有毒的食物换掉了。等晋献公准备去吃时,骊姬故意说:"这膳食从外面送来,最好让人先尝尝看。"于是命侍从尝了尝,结果侍从刚吃了两口,便倒地而死。晋献公很生气,大骂申生不孝,居然想杀父夺位,决定要杀申生。申生知道后,也不作申辩,自刎身亡了。

诸葛亮说完这个故事后,又对刘琦说:"申生因为留在家里而被害身亡,重耳因为身居外面而免于一死。"刘琦马上领会了诸葛亮的意思,立即请求父王把他派往江夏,避开了后母,终于免遭陷害。

梯子与梯形

刘琦约诸葛亮到一座高楼上饮酒,并暗中派人拆走了梯子。想必这种梯子大家都见过。但是,不知道几何中的"梯子"大家见过没有?几何中的"梯子"叫梯形。

梯形是指只有一组对边平行的四边形。平行的两边叫作梯形的底边,在下面且较长的一条底边叫下底,在上面且较短的一条底边叫上底,另外两边叫腰,夹在两底之间的垂线段叫梯形的高。

梯形有两种特例:一种是直角梯形,直角梯形的一条腰与上下底均垂直。另一种是等腰梯形,等腰梯形的两条腰相等。

梯形有一条重要的辅助线叫中位线,中位线为两腰中点的连线。中位线与上底和下底平行,且长度为上下底之和的一半。

梯形的周长等于上下底长度加两腰长度。

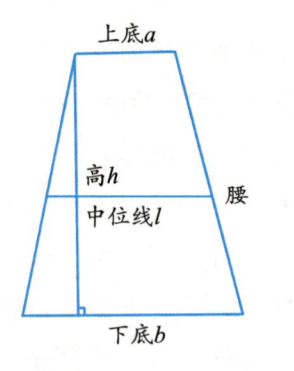

梯形的面积=（上底+下底）×高÷2，用字母表示：$S=(a+b)×h÷2$；或者梯形的面积=中位线长×高，用字母表示：$S=l×h$。

出处：《孙子·九地篇》："帅与之期，如登高而去其梯。"

释义：送人家上了高楼却搬掉梯子。比喻诱人向前而断其后路，使其束手就缚。

小锦囊：刘琦上屋抽梯的目的是为了向诸葛亮请教当前面临的问题的解决办法。但上屋抽梯多是指一种诱敌之计，我们在生活中不能因为一些小利而被诱惑，防止被一些别有用心的人利用，危害到自身安危。

十拿九稳

酒鬼端酒碗

沉婆村是一个很小的村，逢年过节大家就会自行组织一些有趣的民间活动。

有一回，村里人在酒足饭饱之后，玩起了一个"端酒碗"的比赛，比赛的规则是：两人一组，每人必须两手各端一碗酒，同时出发，在相同的距离内，看谁能把酒碗端得最稳，走得最快。胜者奖励一头猪。大家看奖品如此丰厚，纷纷前来报名参加。

村里有个酒鬼，一边喝着酒一边也赶来了。大家看他满嘴酒气，站都站不稳，哪里还端得稳酒碗呢。于是，为了夺取胜利的果实，很多人要与他作对手比赛，他笑哈哈地都答应下来。比赛开始了，只见酒鬼嘴里叼着自己的酒壶，两只手各端着酒碗，像没事儿似的，走得又快又稳，酒也没洒出一滴。而旁边的对手呢，端着酒碗一步一步地挪，等挪到终点时，酒鬼已经把酒壶里的酒喝得一干二净了，这一幕真是让在场的人目瞪口呆。几轮比赛下来，酒鬼稳居第一。从此以后，大家都不再唤他酒鬼了，改呼他为"十拿九稳"。

"十拿九稳"概率高

"端酒碗"比赛中，酒鬼稳居第一，因此赢得了"十拿九稳"的称呼。

酒鬼是凭着他的"技巧"取胜的，而且每次一对一比赛总能获胜，这在数学上有个说法叫作"获胜的概率是100%"。

概率问题在我们的生活和学习中经常遇到。

比如同学A在10次考试中，有8次的成绩排全班第一，那么我们就可以说：A同学下次考试，成绩排名全班第一的概率为80%。而B同学，尽管上次考试成绩排全班第一，但他在10次考试中，只有2次的成绩排全班第一，B同学下次考试成绩排全班第一的概率只有20%。对比起来，虽然A同学在上次考试中成绩不如B同学，但排全班第一的概率依然比B同学高得多。

概率的计算方法是统计数据满足条件的条数除以全部统计数据的条数。如对A同学统计了10次，其中8次为全班第一，所以排全班第一的概率为8÷10=80%。但如果A同学另两次排全班第2名，要统计A同学成绩排全班前3名

的概率，则为10÷10=100%。

概率的计算方法可以在实际生活和学习中发挥作用。

比如张同学放学后经常去李同学家玩，但有时候也去王同学家玩，张同学的家长在放学后想找到张同学，根据概率学原理，最好的方法当然是先给李同学家打电话，如果找不到再给王同学家打电话。如果反过来先给王同学家打电话再给李同学家打电话，那么打一次电话就能找到张同学的概率会比前一种方法低很多。

有些老师对中考、高考题目的预估较准而被誉为"猜题高手"，这些预估很大程度上也是他们在研究了很多考试试卷后根据概率统计而得出的结论。

出处：明代阮大铖《燕子笺·购幸》："今年一定要烦老兄与我着实设个法儿，务必中得十拿九稳方好。"

释义：指办事很有把握或非常准确，多用于预料事情。

小锦囊：注重平时的学习，打好扎实的基础，是考试获得高分的关键。那种平时不好好学习，幻想着靠考试前突击而赢得高分是不现实的，因为概率太低。

事半功倍

懂得用小力气成就大事业的孟子

战国时期，有一个人叫孟子，名轲，字子舆，他是一位著名的思想家、政治家、教育家。他在很小的时候就失去了父亲，与母亲相依为命。孟子后来继承了孔子"仁"的思想并将其发展成为"仁政"，被称为"亚圣"。当时，几个大国为了富国强兵，都想通过暴力的手段达到目的。为了广大百姓的幸福，为了各国的强盛，孟子推广他的"仁政"思想，到齐、宋、滕、魏、鲁等国进行游说。

孟子有很多学生，他常常把"仁政"思想教授给他的学生们。有一次，孟子和他的学生公孙丑在谈论统一天下的问题时，就谈到了周文王，他说："当时的文王仅仅以一个小小的国家为基础，因施行仁政而创下了丰功伟绩。再看看如今的状况吧，天下百姓都处在水深火热的战乱中，他们的生活得不到保障，国家满足不了他们的需求，这样的国家还有什么伟绩可言？就拿齐国这样一个地广人多的大国来说，如果能推行仁政，那可比周文王当时的处境容易多了。"公孙丑听了连连点头。

孟子最后又说："今天，像齐国这样的大国，如果能施行仁政，那就像替百姓们解除了痛苦一样，天下百姓必定十分喜欢。所以说，给百姓的恩惠也许只有周文王的一半，但获得的效果却是周文王的几倍啊，而现在正是最好的时机呢！"

倍增学原理

孟子说的"事半功倍"让我们想到倍增学原理。

如果不去细细计算，也许不会知道"倍增"会有多大的效果。那么请看下面这个例子。

假如有一份工作，有两种薪酬发放方式：第一种是每月固定薪酬100万元；第二种是按天计算，第一天薪酬1分钱，第二天的薪酬是前一天薪酬的2倍。选哪种方式一个月能获得更多的薪酬呢？很多人可能会选第一种。

但如果选择第二种：第1天可获0.01元、第2天 0.02元、第3天0.04元……第10天5.12元……第20天5242.88元……第30天5368709.12元，30天的薪酬合计高达约10737418元，大约是100万元的10倍。

米粒总数：
18446744073709551615

2^{63}

2^0 2^1 2^2 2^3 2^4 2^5 2^6 …

倍增的效果由此可见一斑。

成语"事半功倍"中的"倍"就是倍增的意思，这个成语是用来形容做事的方法费力小却功效大。

如果我们每件事情都能做到"事半功倍"，那么累积起来的效果就会像上面的举例一样，获得的收获自己都无法想象。

出处：《孟子·公孙丑上》："万乘之国行仁政，民之悦之，犹解倒悬也，故事半古之人，功必倍之。"

释义：形容做事的方法费力小，功效大。

小锦囊：要想达到"事半功倍"的效果并不容易，需要开动脑筋，启动智慧，实干加巧干才能实现。而乐于学习，善于思考，勤于总结，则是达到"事半功倍"效果的好办法。

天下无双

天下没有第二个黄香

从前,在湖北江夏,有一个叫黄香的男孩,母亲在他很小的时候就去世了,他的父亲是一个小官,没有了母亲的黄香就与父亲相依为命。在父亲的养育下,黄香慢慢成长起来,在清苦日子的磨炼和父亲的谆谆教诲下,黄香成长为一个善解人意、知书达礼的人。

黄香的孝顺是出了名的。在炎热的夏天里,他为了能让父亲睡得安稳,在父亲上床之前都要用扇子把席子扇凉;而一到寒冷的冬天,他就会先钻进被窝,把被子温热,之后再请父亲睡下。父亲也因此更疼爱他,帮助他学到了更多的知识。

后来,黄香被朝廷选中做了官,在他当魏郡太守期间,有一次当地遭到水灾,百姓被洪水冲得无家可归,吃穿也没有了,很是可怜。

黄香看到后十分难过，他拿出自己的钱物一一分给受灾的百姓。百姓们拿着黄香送来的钱物，泪水涟涟地说："黄香，有你这样的父母官，是我们的福气啊！"

由于黄香勤奋好学，知识渊博，对父亲十分孝敬，对百姓又十分关爱，所以受到了许多人的赞美。后来，一句民谣就流传开来："天下无双，江夏黄香。"

全等图形

魏郡太守黄香因为对父亲十分孝敬，对百姓又十分关爱，从而得到了"天下无双"的美誉。

在几何中，有一个概念和"天下无双"的意思刚好相反，那就是全等。

在"连连看"游戏中，只需要凭肉眼就可以找出完全相同的两个图形。但在几何中，要证明两个图形全等则需要根据一定的几何定律。

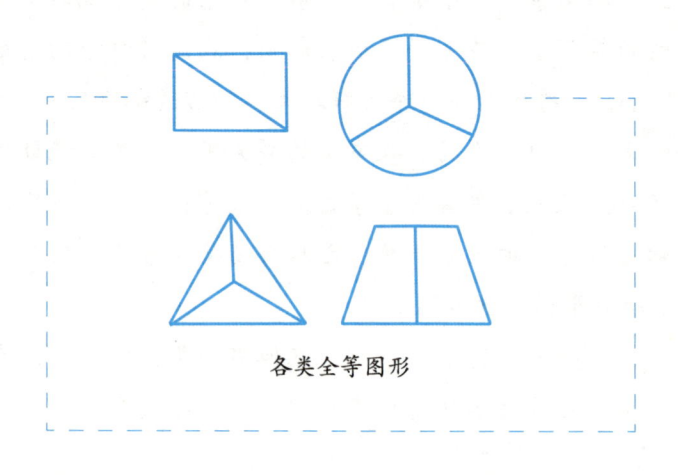

各类全等图形

比如全等三角形是指每条边、每个角都相等的三角形。要证明两个三角形全等，就需要满足以下条件中的一个：

一、两个三角形的三条边对应相等，简称"边边边"；

二、两个三角形的两边对应相等，且两边之间的夹角也对应相等，简称"边角边"；

三、两个三角形的两角对应相等，且两角之间的边也对应相等，简称"角边角"；

四、两个三角形的两角对应相等，且任一角的对边也对应相等，简称"角角边"；

五、两个直角三角形的任意两边对应相等。

只要满足以上五条中的一条，两个三角形就全等。

出处：《史记·魏公子列传》："始吾闻夫人弟公子天下无双。"

释义：天下找不出第二个。形容出类拔萃，独一无二。

小锦囊：如果能做到德、智、体全校无双当然很好，不能全校无双但各方面都能名列前茅，即使有人和你争夺第一名，也未尝不是一件好事。

退避三舍

重耳退避三舍

春秋时期，晋献公派人捉拿重耳，重耳只好逃出晋国。当他逃到楚国时，楚成王认为重耳日后必有作为，就接纳了他，并以楚国最高的礼仪欢迎他，把他视为一位尊贵的宾客。

有一次，重耳与楚王在宴席上交谈，气氛很融洽，楚王向重耳敬了几杯酒后，笑着问重耳："重耳啊，你如果将来有机会回到晋国当国君，要怎么报答我呢？"重耳沉思了几秒钟后说："大王有的是美人、侍女、珍宝、丝绸，更别说那些珍禽、羽毛、兽皮了，这些楚国都盛产啊，晋国有什么珍奇的物品能送给楚王呢？"楚王听了又笑道："重耳你真是太谦虚了，不过，话虽然如此，但总该对我有所回报吧。"重耳笑了笑，回道："如果托了楚王的福气，真能回到晋国

退避三舍

执政的话，我愿意与贵国友好相处，如果晋楚之间不可避免发生战争，我也一定会命令我的军队先退到90里之外，如果还不能得到楚王您的原谅，我再与您交战。"

后来，重耳果然回到晋国当上了国君，就是史上有名的晋文公。晋国在他的治理下逐渐强大起来，公元前633年，楚国和晋国的军队在作战时相遇，晋文公履行了他曾经的诺言，命令军队退到了90里外，驻扎在城濮。楚军见晋军后退，以为对方害怕了，立即追击上去。晋军利用楚军骄傲轻敌的弱点，集中兵力大破楚军，取得了城濮之战的胜利。

"三舍"有多远？

这个成语故事给我们提出了一个数学问题——行程问题。

行程问题是数学常见的问题之一，当人、动物、可移动的物体发生运动时，都会涉及行程问题。

行程问题有的是指一个物体的运动，有的是指两个物体或者多个物体的运动。有两个或者两个以上物体运动时，根据相互之间的运动方向又可分为"相向运动"（在不同出发点互相向对方运动）、"同向运动"（大家向同一个方向运动）、"相背运动"（在同一出发点各自向相反的方向运动）。

行程问题除了涉及方向以外，还涉及距离，距离决定行程的远和近。

重耳回到晋国当上国君后与楚国发生了晋楚之战，晋军按照承诺退到了90里外，楚军见晋军后退，以为对方害怕了，立即追击上去。晋军和楚军产生了同向运动，并且运动的距离为3舍，由于1舍为30里，所以3舍为90里。

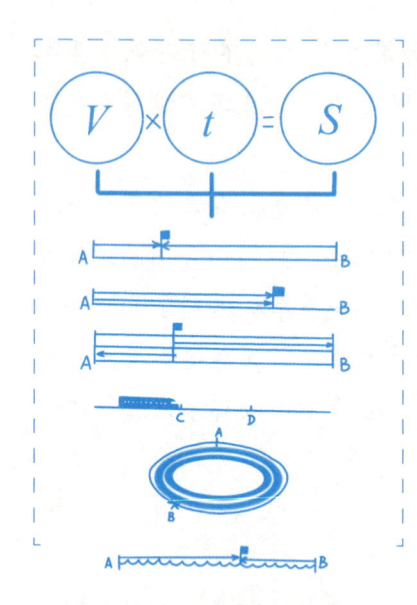

现在我国常用的路程单位有公里（千米）、米等，英美国家常用英里，海上常用海里，计量天体距离常用光年。它们之间的换算关系为：

1公里=2里=1000米=1千米

1英里≈1.6093公里

不同国家海里的换算不同：在中国，1海里=1.852千米；在美国，1海里=1.85101千米。

1光年≈94605亿千米。

出处：《左传·僖公二十三年》："（重耳）及楚，楚子飨之，曰：'公子若反晋国，则何以报不穀？'对曰：'子女玉帛则君有之，羽毛齿革则君地生焉。其波及晋国者，君之余也。其何以报君？'曰：'虽然，何以报我？'对曰：'若以君之灵，得反晋国，晋、楚治兵，遇于中原，其辟君三舍。若不获命，其左执鞭弭，右属櫜鞬，以与君周旋。'"

释义：比喻不与人相争或主动让步。

小锦囊：重耳在逃到楚国时，向楚国国王做出了"退避三舍"的承诺，是因为重耳已经清楚这一承诺背后的行程问题，如果因为"退避三舍"而退出了重要的关隘，让出了兵家必争的战略要地，也许重耳就会遭遇失败。

外圆内方

|曹操的疏忽|

东汉末年出了一个著名人物,那就是曹操。

曹操之所以能在乱世中拥有重要的社会地位,主要的原因在于他智慧过人。他在北方屯田,兴修水利,解决了军粮缺乏的问题,对农业生产的恢复有一定作用;他唯才是用,打破了世族门第观念;他所统治的地区社会经济得到了恢复和发展。除此之外,他还精于兵法,擅长诗歌散文,是个能文能武的人物。

但是如此聪明的曹操也有疏忽的时候。有一天,曹操约刘备喝酒,谈起谁是世上的英雄时,刘备把当时的几个重要人物一一点了个遍,却都被曹操否定了。曹操说:"真正的英雄应该是胸怀大志,有谋略之人。"刘备问:"那么会是谁呢?"曹操说:"天下英雄只有我和你。"当时刘备投靠在曹操帐下，为防曹操谋害，他就装作一个菜农，在后园种菜，以此迷惑曹操以使曹操放松对他的警惕。如今，他却被曹操点破是英雄，吓得他把筷子掉在了地上。恰好这时大雨忽至，雷声轰隆隆地响。曹操问刘备："为什么把筷子弄掉了？"刘备从容弯腰拾起筷子说："我从小害怕雷声，一听见雷声就想找地方躲起来。"曹操一听，认为刘备胆小如鼠，必不能成气候，也就没有把他放在心上。刘备巧妙地将自己的慌乱掩饰了过去，避免了一场劫难。

刘备确实是聪明人，他用的就是"外圆内方"之术，消除了曹操对他的怀疑和妒忌，从而逃脱了虎狼之地。

方与圆的变化

古代钱币的形状多是外圆内方的。在几何中，外圆内方的图形组合在一起也是一幅美丽的图画，外面的圆形在视觉上具有让人舒适的曲线美，里面的方形具有让人踏实的稳重感。

在几何中，这样组合的外部圆形我们叫它"外接圆"，正方形的中心和外接圆的圆心是重合的，中心与正方形顶点的连线就是圆的半径，也叫正方形外接圆的半径。中心到正方形边的距离叫边心距。正多边形各边所对的外接圆的圆心角都相等，这个圆心角叫作正多边形的中心角。

正方形的面积=周长×边心距÷2；

圆的面积=π×半径×半径，因为π×半径×2=圆的周长，所以圆的面积也可表示为π×半径×2×半径÷2=圆的周长×半径÷2。

对比以上两个面积公式，我们发现正方形的面积和圆的面积的计算公式非常相似，如果正方形的周长=圆的周长，且正方形的边心距=圆的半径，那么它们的面积就会相等。

而要想实现以上两个条件，可以将正方形变成贴近圆形的边数非常多的正多边形，正多边形的边数越多，多边形的周长就无限接近圆的周长，多边形的边心距也无限接近圆的半径，这时，正多边形的面积与圆的面积就近似于相等了。

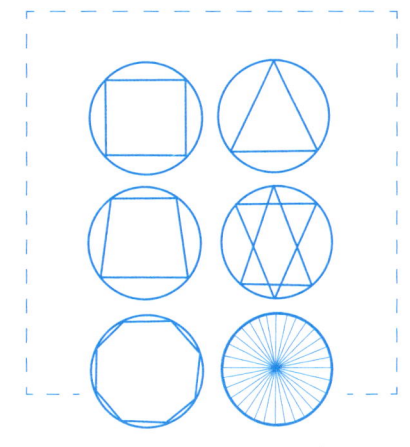

各种图形的外接圆

出处：南朝宋范晔《后汉书·郅恽列传》："案延资性贪邪，外方内员，朋党构奸，罔上害人。"

释义：外表随和，内心认真严肃。圆：圆通，随和；方：方正，正直。

小锦囊：只有不断提升自己的修养，并努力扩宽自己的胸襟，才能达到"外圆内方"的人生境界。

网开三面

仁慈宽厚的商汤

商朝的开国君主是商汤,他是一位非常仁慈厚道的国君,因此很得人心。

有一次汤与他的随从来到郊外的一片山林里,走着走着,他们看到一片树木繁茂的林子里有一个农夫正在布网。他把几面网分别朝着东南西北几个方向挂起来,忙活了好半天,终于把网挂好了,然后他就跪在地上向天祷告起来。只听他念念有词道:"上天保佑我啊,保佑天上飞的、地上跑的凡是四面八方来的鸟兽都落入我的网中吧。"

汤听到以后,非常感慨地说:"夏朝的桀也就是如此啊,他暴虐成性,企图把民众全部纳入他的网中,再施以暴行,而眼前这个农夫不也正是如此吗？他用如此紧密的网就会把鸟兽们都捉尽啊，这样一来，鸟兽们还有什么自由？这样做实在太残忍了。"

于是，汤就叫随从撤下了其中三面网，只留下一面网，然后汤也学着农夫的样子，跪在地上祷告起来："天上飞的、地上跑的，你们想往哪飞就往哪飞，想往哪跑就往哪跑吧，不听话的就往网里钻。"祷告完后，他就对那个农夫和随从说："做人一定要仁慈宽厚，对鸟兽也是如此，不能赶尽杀绝，不听天命的还是占少数的，我们要捕捉的是那些不听天命的鸟兽。"随从听了后纷纷称赞汤是一个有德的国君。那个农夫也深受感动，最后接受了汤的意见。

长方体与长方形

成语"网开三面"的故事仿佛向我们展示了一个长方体向长方形演变的过程：农夫在东南西北方向四面布网，相当于农夫用网在空中画了一个长方体。长方体的前后左右四个侧面都用网布成，长方体的下底面就是地面，上顶面留空作为鸟兽从天空飞入网内的入口。汤让随从撤去三张网后就将长方体变成了长方形。

长方体变成长方形后会有哪些变化呢？

首先，长方体有6个面，分别为前、后、左、右、上、下，每组相对的面全等；而长方形只有1个面。

其次，长方体是立体图形，长方形是平面图形，立体图形有长、宽、高三种数据，从长方体变为长方形后，高消失了，只留下长和宽，所以长方体有体积和各侧面的面积，但长方形则只有面积没有体积。

长方体的体积=长×宽×高，长方形的面积=长×宽。

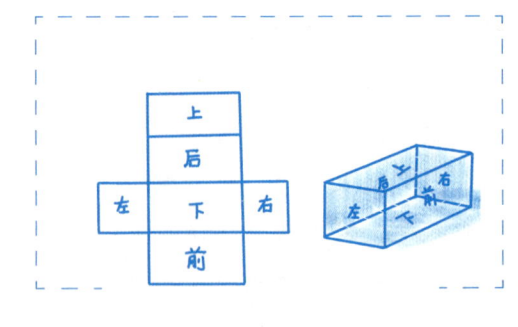

第三，长方体有12条棱，相对的四条棱长度相等，可分为三组。而长方形只有4条边。

第四，长方体的表面积为6个面的面积之和，如果该长方体的12条棱都相等，那就是正方体，它的表面积是某个面面积的6倍。

撤了三张网，引出了那么多的变化，所以才能给鸟兽留下更多的生存空间，汤也因此被随从称赞为有德的国君。

出处：《史记·殷本纪》："汤出，见野张网四面，祝曰：'自天下四方皆入吾网。'"

释义：把捕禽的网撤去三面。比喻采取宽大态度，给人一条出路。

小锦囊：与人相处时，常常要注意给别人留有余地，这样才能赢得更多人的支持与信任，也符合中国人与人为善的传统美德。

相辅相成

诸葛亮的辅佐作用

东汉末年,在著名的官渡之战中袁绍大败,曹操获得了全胜。当时投靠在袁绍手下的刘备趁机逃跑,而后又投靠了刘表。正处在艰难境地的刘备后来得到了谋士徐庶的提醒,徐庶说:"在隆中有个智慧过人的人才,叫诸葛亮,您如果得到他的辅佐,必能平定天下。"刘备听了,立即随关羽、张飞一同前往隆中。结果一连去了三次才遇到诸葛亮。

诸葛亮被刘备的诚心打动,加之刘备确实也是一个胸怀大志的人,诸葛亮便答应辅佐他。

诸葛亮一出山便为刘备制订了先夺荆州,后取巴蜀,再图中原的战略方针。正是按照他所做的战略部署,刘备的事业一步步做大,最后与曹操、孙权形成了三分天下的局面。

公元223年，刘备大败于东吴后一蹶不振，直至病危时，他把诸葛亮叫到身边说："先生啊，您是我最信任的人了，待我死后，希望您能把我儿刘禅当作自己的儿子一样教导，如果刘禅没有能力的话，您就替代他的位置吧！"诸葛亮是个耿直的人，听刘备如此一说，便又忠心耿耿地辅佐刘禅。在辅佐刘禅期间，诸葛亮掌握着国家的大权，实际上就是蜀国的最高统帅。公元225年，诸葛亮平定南中，为北伐扫除了障碍，使刘禅的基业更为稳固。

诸葛亮辅佐刘备和刘禅三十年，一生可谓鞠躬尽瘁，而君王有如此之人才，便是人生之大福了。所以说，要成功自己努力当然必不可少，但如果同时有人辅佐自己，那离成功就会更近了。

巧作辅助线

通过这个成语可以联想到一个数学知识——辅助线。

我们学习的基础数学知识除了数，还有图。对数的研究叫"代数"，对图的研究叫"几何"。在解决几何问题时，经常需要在原图基础之上另外画一些对解决问题极有帮助的直线或者线段，我们把这些直线或线段叫作辅助线。在画图时，辅助线要画成虚线。

一般来说，作辅助线有以下技巧：

有角平分线的，可以从角平分线上任一点向两边作垂线，形成两个全等三角形。

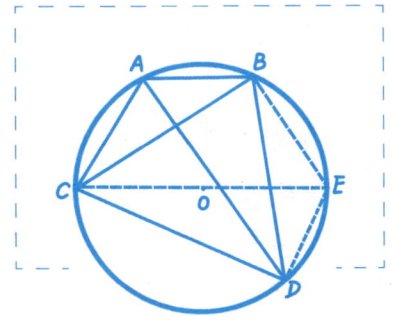

相辅相成

有线段的垂直平分线的，可将线段的两个端点与垂直平分线上某点连起来，形成两个全等三角形。

如果需要证明两个图形全等或者相似，经常需要画平行辅助线。

以上只介绍了作辅助线的部分方法。作辅助线的方法还有很多，也很灵活，需要综合分析、勤奋练习才能掌握诀窍。

正确画出辅助线非常重要，这往往成为正确解出一道题的关键。所以，诸葛亮虽然不是主公，但刘备和刘禅的事业却离不开诸葛亮的辅助。

出处：《庄子·山木》："吾愿君去国捐俗，与道相辅而行。"

释义：指两件事互相配合，互相补充，缺一不可。辅：辅助，帮助。

小锦囊：刘备为请诸葛亮出山而三顾茅庐的故事早已传为佳话。刘备能得到诸葛亮的辅佐，一是因为刘备的诚心，二是因为刘备确实也是一个能治理天下的人才，所以诸葛亮才答应了他。我们在生活和学习上，如果能得到别人的帮助，应该常怀感恩之心。

虚虚实实

|诸葛亮的策略|

东汉时期,因为诸葛亮才智过人,所以周瑜很忌妒他,常常想设法击败他。

有一天,周瑜问诸葛亮:"水上交战,用什么兵器最好?"诸葛亮说:"用弓箭最好。"周瑜趁机说:"对!但现在军中缺箭,先生能在十天内赶造出十万支箭吗?"诸葛亮承诺道:"三天内就可以造好。"周瑜暗自高兴,认为诸葛亮过于自负,会害了自己。

后来,周瑜便派鲁肃去诸葛亮那里打听情况,鲁肃看诸葛亮并不急着要造箭的材料,而是向他借了二十条船,六百名士兵,并且船要用青布幔遮起来,还要一千多个草把子,排在船的两边。鲁肃觉得这些都不是造箭材料,不以为然,就答应了他的要求。

虚虚实实

直到第三天半夜，大雾漫天，江上连面对面都看不清，诸葛亮秘密地把鲁肃请到船里，说是一起去取箭，鲁肃一头雾水。

船靠近曹操军队的水寨时，诸葛亮下令把船头朝西，船尾朝东，一字摆开，又叫船上的军士一边擂鼓，一边大声呐喊。鲁肃吃惊地说："如果曹兵出来，怎么办？"诸葛亮笑着说："雾这样大，曹操一定不敢派兵出来。我们只管饮酒取乐，天亮了就回去。"

曹操果然不敢派兵出击，只叫一万多名弓箭手朝他们射箭，箭多得如下雨一般。很快，向着曹军一面的草把子上射满了箭，诸葛亮又下令把船掉过来，逼近曹军去受箭。这样，十万多支箭很快就借到了，曹操发现上当时，要追也来不及了。

周瑜知道后，长叹一声说："诸葛亮神机妙算，我真比不上他啊！"

实数和虚数

诸葛亮用虚虚实实的战术完成了"草船借箭"的军事意图，这一策略让吴国都督周瑜也自叹不如，不得不称赞诸葛亮神机妙算。

其实，数学中的"数"也会玩虚虚实实，它们分别叫实数、虚数。

我们在过去的学习中，学习了很多"数"，从最简单的一位数到两位数、三位数，这些都统称为整数。之后，又知道了原来整数还分为正整数和负整数，比如，冬天里，海南三亚的气温是20摄氏度，而黑龙江漠河的气温可能是零下40摄氏度，可以表示为+20℃、-40℃。

整数之后又学了分数、小数，当然，分数也可分为正分数、负分数。学习小数时还知道小数有无限不循环小数，如圆周率π。

数学上，把无限不循环小数叫无理数，而整数、分数、小数都是有理数。无理数和有理数又统称为实数。

实数有个特点是能对应数轴上的某个点，互相之间可以比较大小。在数学上还有一些数，它们无法对应数轴上的某个点，互相之间无法比较大小，这些数就是虚数。

因为是虚数，所以在现实生活中无法举例说明。看到这里你是不是也感觉虚虚的呢？没关系，如果你学习到解析几何，学习到复平面，或者学习到力学、地图学、航空学的知识，你就能够深入理解虚数并且感慨虚数应用之精妙了。

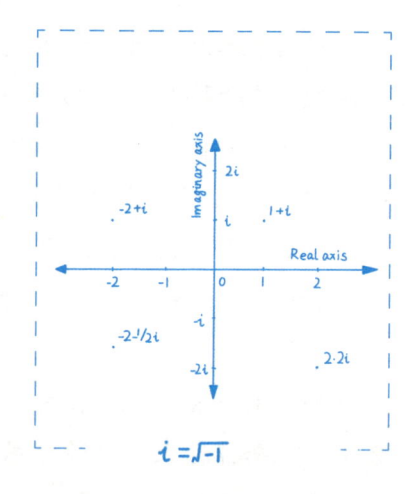

出处：《三国演义》第四十九回："岂不闻兵法'虚虚实实'之论？操虽能用兵，只此可以瞒过他也。……"

释义：指军事上讲究策略，善于迷惑对方。也指文艺作品中虚写、实写并用，耐人思索回味。有真真假假、以假乱真的意思。

小锦囊：智慧没有边际，知识没有穷尽。诸葛亮也是积累了扎实的天文学、心理学等知识，才玩好虚虚实实的"草船借箭"的游戏的。

玄机妙算

玄机妙算的郭嘉

东汉末年有一位非常机智的人，名叫郭嘉。

郭嘉最初是大将军袁绍的谋士，在袁绍如日中天的时候，天下很多谋士都纷纷向袁绍靠拢，而郭嘉此时便断定袁绍不能成大器，随后郭嘉便投奔了曹操。

公元202年，袁绍战败后一蹶不振，直至病逝。这时候，曹操的军士想趁胜利之际攻破袁氏两兄弟袁谭和袁尚。而此时，一向力挺北上的郭嘉却建议曹操把军队退下来。郭嘉深入分析了袁氏两兄弟之间的矛盾，胸有成竹地对曹操说："袁谭和袁尚一直都不团结，互相不服，加上中间又有郭图、逢纪这样居心不良的谋臣搅和着，袁氏两兄弟一定会反目的。现在不如先去讨伐南边的刘表，待袁氏两兄弟反目时，我们再一举消灭他们。"

曹操采纳了郭嘉的意见，而郭嘉也确实是玄机妙算。曹操的军队刚回到许昌，袁氏两兄弟反目的消息就传了出来。曹操乘机派军北上，将袁谭、袁尚打了个落花流水。因为郭嘉的妙计，这一仗赢得很顺利。在后面的几年间，郭嘉又为曹操出谋划策，使曹操的势力迅速扩大。

郭嘉的机智过人令人连连称赞，后人常把他和诸葛亮相提并论。

巧算数学

这个成语让我们想到一种数学方法——巧算数学。

郭嘉算到袁谭和袁尚会反目，所以并不先派兵去攻打，待兄弟俩反目时，轻松将他们打了个落花流水，郭嘉的机智过人被称为"玄机妙算"。

"玄机妙算"也是数学中非常重要的内容，它被称为"巧算"。

据说，德国数学家高斯上小学三年级时，老师为了让自己好好睡半个小时的午觉，给学生们出了这样一道难题：从50加到500，总数是多少？没想到高斯通过巧算，一下子就写出了答案。

高斯的巧算方法是这样的：从50到500组成一个等差数列，根据推理得出等差数列的求和公式为：（首项+末项）×项数÷2，上面数列中首项为50，末项为500，项数为500-50+1=451，所以它们的

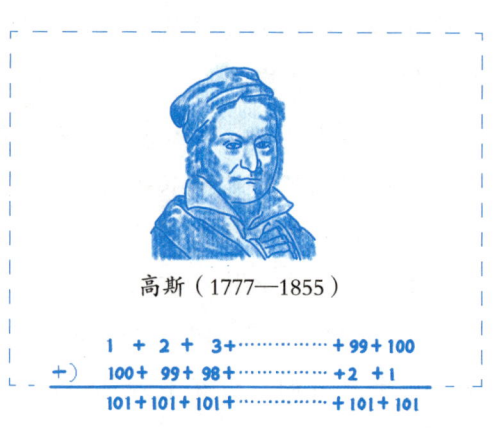

高斯（1777—1855）

$$\begin{array}{r}1+2+3+\cdots+99+100\\+)\ 100+99+98+\cdots+2+1\\ \hline 101+101+101+\cdots+101+101\end{array}$$

086

和为（50+500）×451÷2=124025。

运用上面的方法，你可以计算出3.03+3.06+3.09+3.12+……+6.99+7.02的值吗？

巧算的方法有很多，以上只是其中的一种，你如果有兴趣的话可以找相关的书籍学习学习。

出处：《封神演义》第七十九回："运督军需，智擒法戒。玄机妙算，奇功莫大！"

释义：指神妙莫测的计谋。

小锦囊：有人说世上万物千变万化，但也遵循同样的原理，只要我们多加观察，善于总结，就能达到触类旁通的效果，这样在一定程度上我们也能做到"玄机妙算"。

一五一十

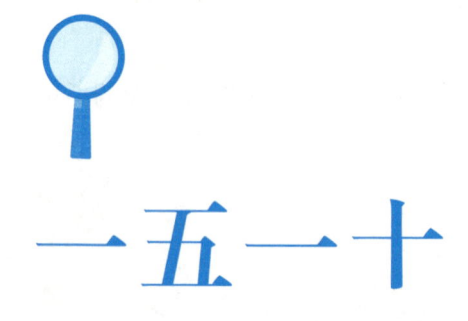

老实的丁相

宋朝有一个很老实的人,名叫丁相。

有一回,丁相家里遭了盗贼,丢失了几本书和一些银两,丁相回家发现后准备去报官,邻居看到了,上前来询问:"丁相,看你慌里慌张的样子,是不是发生了什么事?"丁相就把家里被窃的事告诉了邻居。邻居听他说丢了一些银两,便又问他:"一共丢了多少银两?"丁相把丢失的银两数量告知了邻居。邻居想了想就凑到他耳朵旁说:"丁相啊,你去报官时就把丢失的银两多说一倍,到时抓到了盗贼,你就可以多拿到一些银两了。"丁相听了点点头说:"是啊,是啊。"后来,果真抓到了盗贼,负责这桩盗窃案的县官当堂对证,问到丢失的银两数量是多少时,丁相如实禀告了被盗的数量,而后又想起了邻居交代过的话，就又把数量加了一倍。办案的县官看他说话前后不一致，便问他原因，丁相想都没想，就把邻居教给他的话老老实实地说了出来。县官和盗贼听了暗自发笑，心想，这么老实的丁相这世上怕难找到第二个了。可是，回到家后，老实的丁相却被邻居臭骂了一顿，他非常不理解，难道做个老实人也有错吗？

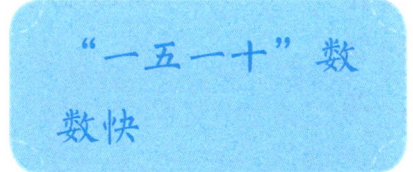

"一五一十"数数快

丁相将邻居教给他的话一五一十地说给县官听后，遭到了县官和盗贼的讥笑，并被邻居臭骂了一顿。但在数学中，"一五一十"地数数却是一个非常好的方法。

一五一十地数数，数出来的数必定是5的倍数，也就是说，个位数必定是5或0。

大家都知道：1×5=5、2×5=10、3×5=15、4×5=20、5×5=25、6×5=30……

所以，每数一次5，数字多出一个5，这种数数法不仅比一个一个数的速度提高5倍，而且将零碎的数变成了以5为单位的整数，更方便计算，也减少了数错数的可能。

比如我们学习下围棋，对弈结束后数选手各自占的棋目数，就是一五一十地数的。

一 丁 下 正 正　国内常用计数法

| 丨 丨丨 丨丨丨 丨丨丨丨 卅　国外常用计数法

在进行数学计算时，也可以根据以上道理，尽量把数字向5和10凑，以提高计算速度。

比如计算：$3 \times 40 + 2 \times 40$

$= (3+2) \times 40$

$= 5 \times 40$

$= 200$

$8 \times 66 - 3 \times 40 + 26 \times 2$

$= 8 \times 40 + 8 \times 26 - 3 \times 40 + 2 \times 26$

$= 8 \times 40 - 3 \times 40 + 8 \times 26 + 2 \times 26$

$= (8-3) \times 40 + (8+2) \times 26$

$= 5 \times 40 + 10 \times 26$

$= 200 + 260$

$= 460$

出处：明代施耐庵《水浒传》第二十五回："这妇人听了这话，也不回言，却踅过来，一五一十，都对王婆和西门庆说了。"

释义：指叙述得原原本本，无所遗漏。也指以五为单位计数。

小锦囊：即使是数数这样简单的事，也有着一定的技巧和方法。要掌握这种技巧，可以靠自己勤动脑筋、熟能生巧，也可以多留心这些小知识、小技巧，向他人学习，向书本学习。

一衣带水

隋文帝灭陈朝

公元581年，隋文帝杨坚建立了隋朝。

隋文帝立志要统一中国，在北方实行了一系列富国强兵的政策，隋朝国力大增。

当时，陈朝处在长江南岸，与隋朝一江之隔，陈朝后主陈叔宝持着长江天险，不把隋朝放在眼里，他虽然知道隋文帝有意统一中国，但仍不治理朝政，生活上十分荒淫。大臣来劝诫时，他得意地说："怕什么，有长江隔着呢，隋文帝想攻打我们哪有那么容易。"

陈后主不会治理国家，百姓们因此过得很不幸福，隋文帝对陈朝百姓们的生活早就看在了眼里，后来他就询问部下高颎："要采取什么策略才能灭掉陈朝呢？"高颎说："江南的庄稼比江北成熟得早，我们在他们的收获季节扬言出兵，他们一定会放弃农事而严兵防守；等他们做好了作战准备，我们却不出兵。这样来几次，他们就不会相信我们了。等他们不做准备时，我们突然真的渡江出兵，就可打得他们措手不及。另外，江南的粮食不像我们北方储藏在地窖中，而是储藏在茅和竹修建的仓库中，我们可暗地派人前去放火烧毁他们的粮食，连烧几次，陈朝的财力就会大大削弱，灭掉它也就容易得多了。"

隋文帝一听，很高兴，决定采取高颎的策略。经过七年的准备，在公元588年，隋文帝正式攻伐陈朝。出发前，他对高颎说："我是天下老百姓的父母，怎么能够因为一条像衣服带子一样狭窄的长江阻隔就不去拯救那里的老百姓呢？"隋文帝任命杨广为元帅，率领五十万大军向陈朝发动猛烈进攻，很快就俘获了陈后主，灭掉了陈朝。

找出最短路径蹚过这条河

如果我们居住的村庄或城市不远处有一条河流，河水流淌数百公里，在河流下游的10千米处有一座桥，在河流上游的5千米处也有一座桥，我们从居住地到对岸从下游的桥上走需要走20千米，从上游的桥上走需要走10千米。是不是到对岸的最短路程就是10千米呢？

显然不是！

如果在正对着我们居住地的河流上架起一座桥，或者开动一艘船，从此处到对岸的路程也许就只有几百米了，几分钟可到。

在数学中，连接两点的线段即为两点间的最短距离。在两点之间架起一座桥，所走的路程就会比从上游的桥上过或者从下游的桥上过

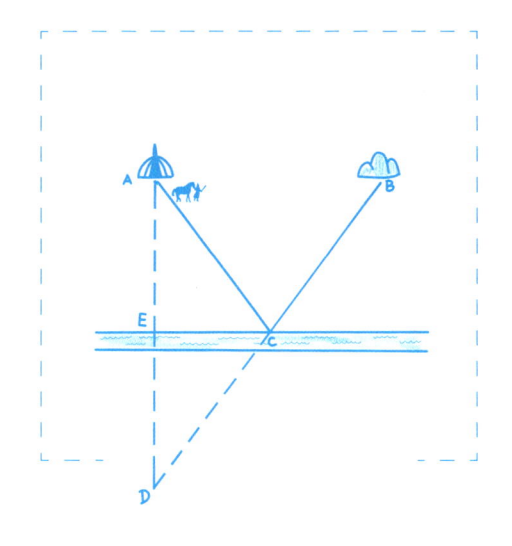

的路程短很多。

所以，当隋文帝找到这条最短路径后，很快跨越了长江的阻隔，俘获了陈后主，灭掉了陈朝。

现在，找出最短路径的现代技术已为人们的出行提供了很多便利，最典型的就是导航仪。当我们输入出发地和目的地后，导航仪就会通过科学的计算为我们提供一条"最短路径"，所以，即使来到完全陌生的城市，只要有导航仪，也不会迷路，而且还可以少走弯路。

出处：《南史·陈本纪下·后主》："隋文帝谓仆射高颎曰：'我为百姓父母，岂可限一衣带水不拯之乎？'"

释义：一条像衣带那样狭窄的河流。指虽有江河湖海相隔，但距离不远，不足以成为交往的阻碍。

小锦囊：学习中的许多难题就像河流一样，看起来很难逾越，但如果细心观察，认真分析，找出解决问题的"最短路径"，也许难题就会像平常的练习一样，很容易就解决了。

以功补过

|以功补过的管仲|

春秋时期，齐国有个叫管仲的人，一次偶然的机会，他遇到了鲍叔牙，而后两人一起做生意。由于管仲家境贫寒，在分配钱财时，他总是给自己多留一点，但鲍叔牙一点儿也不计较。当别人说管仲不讲情谊时，鲍叔牙还为管仲辩护说："是我情愿多分给他钱的，因为他家比较贫困，我要帮助他。"

经过一段时间的交往后，两人成了好朋友，并一起弃商从政。管仲负责辅佐公子纠，而鲍叔牙负责辅佐公子小白。后来，由于齐国君王战败，公子纠与公子小白开始争夺王位，在争夺王位的过程中，管仲差点用箭射死了公子小白。公子小白大难不死，而后还当上了齐国的君王，就是当时的齐桓公。

这时候在齐桓公身边的鲍叔牙便向齐桓公推荐管仲，齐桓公对管仲曾经用箭射伤他的事情一直耿耿于怀，就问鲍叔牙："为什么一定要用管仲做宰相呢？"鲍叔牙说："与管仲相比，我有五点是不如他的：一、宽厚仁慈，能安抚百姓，我不如他；二、治理国家，能抓住根本，我不如他；三、忠信，可结于诸侯，我不如他；四、能给国家制定规范和礼仪，我不如他；五、能站在军门前指挥练武，使将士勇气倍增，我更不如他。管仲有这五个强项，要是他当宰相的话，一定可以使齐国很快强盛起来。"

齐桓公听了鲍叔牙的话，不计前嫌，接纳了管仲，管仲看齐桓公如此大度，对他更是忠心耿耿，出谋划策辅佐齐桓公施行了一系列治国之策，使齐国迅速由弱变强，齐桓公也因此成为春秋时期的第一个霸主。

有趣的补数

这个成语让我们想到一个数学知识——补数。

管仲曾经差点用箭射死齐桓公，但自从辅佐齐桓公以后，一直为齐桓公出谋划策，使齐国迅速由弱变强，管仲因此成了"以功补过"的典型。

在数学中，有一种数叫"补数"，经过它的补充后，原数据会变成另外一种数据而拥有原数据没有的功能。

比如37，用它进行加减乘除运算很不简便，但如果加上它的补数63变成100之后，再进行加减乘除运算就非常简便了。

在数学上，两个数相加的和等于10、100、1000、10000……这些整数时，这两个数就互为补数。所以，37的补数是63，386的补数是614。

$$15-6=9$$

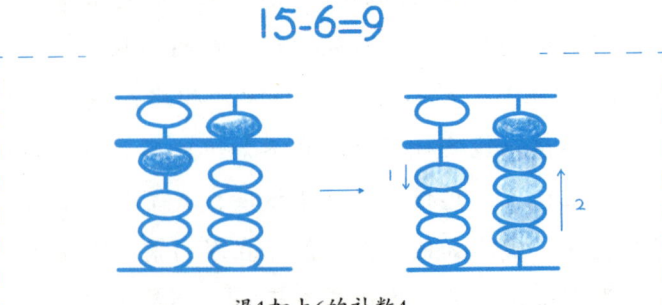

退1加上6的补数4

数学上还有一种"补数"的方法。比如25后面加上一个两位数组成一个新的数,让这一新的数能同时被2、3、5整除。我们根据能被2、3、5整除的特点,可以确定这个新的数可以为2520、2550、2580这3个数中任意一个。

出处:宋代张君房《云笈七签》卷九十三:"追悔既往,洗心自新。虽失之于壮齿,冀收之于晚节。以功补过,过落而功全;以正易邪,邪忘而正在。"

释义:以功劳补偿过错。

小锦囊:偶然做错事情没有关系,只要我们能认识到错误所在,以功补过,同样能获得别人的认可,消除不利影响。

以升量石

|用肤浅回答深奥|

　　牛顿看到苹果从树上掉下来后，就开始研究"苹果为什么会掉下来"。他为这个问题潜心钻研，最后得到了真正的答案，因此，为世界带来了一个巨大的科学成果。

　　而在牛顿钻研的漫长时间里，有个人对他的行为不屑一顾，他和朋友谈论这件事时，还暗暗讽刺牛顿，说牛顿是一个喜欢把简单的问题往复杂想的人。朋友听他这样讲，就问他："那么你认为苹果为什么会从树上掉下来呢？"那个人胸有成竹地说："苹果为什么会从树上掉下来呢，这个问题很简单嘛，因为苹果越长越大，越长越重，树枝承受不了苹果的重量，所以苹果就掉下来了。"朋友听了，也点点头说："你的说法好像是对的。"那个人又说："比如，用一根相同的绳子把一个胖子和一个瘦子同时吊起来，时间久了，肯定是胖子先掉下来，胖子重嘛，绳子肯定经受不住他的重量。"朋友又点点头道："有道理，有道理，那么牛顿为什么还要研究呢，难道这么简单的道理他都不懂吗？"那个人说："所以我说他是一个爱把肤浅的问题往复杂想的人了。"

后来，那个人的朋友在路上遇到了牛顿，把那个人的说法重复了一遍给牛顿听，牛顿听了说："如果每个人都把自然界的现象看得那么简单，人类就不会进步了。"

容量与容积

那个人的肤浅和牛顿的深奥在于他们知识的"容量"不同。

容量常指容积，又指物体或者空间所能够容纳的单位物体的数量。比如水桶的容量是20升，表示这只水桶可以容纳20升水、大米或者其他物体，这是水桶的容积。电冰箱上的标签"BCD-182"表示这台冰箱的有效容积是182升。计算机

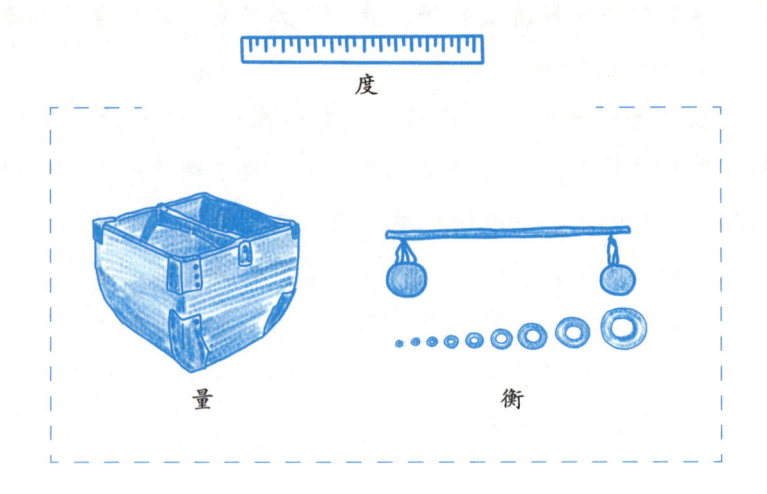

度

量　　　　　　衡

硬盘40G表示该硬盘可存储40吉字节的电子信息，这是指硬盘的容量。

现在用到的很多电子产品都需要有配套的电池，电池性能的重要指标之一就是电池容量，它表示在一定条件下电池放出的电量，通常以安培·小时为单位，符号为A·h。

容积的单位通常是升、毫升，1升=1000毫升。

在我国古代，斗和石（dàn）是常用来测量容积的量器，比如李家向张家借米，张家拿出一只斗装满米借给李家，相当于李家向张家借了一斗米。由于斗和石的大小相对固定，渐渐地就成为古代容积的计量单位，它们之间的换算关系是：1石=10斗，1斗=10升，所以1石=100升。

用"升"去量是它100倍的"石"，当然是非常"肤浅"了。

出处：《淮南子·缪称训》："使尧度舜则可，使桀度尧，是犹以升量石也。"

释义：比喻以肤浅的理解力来揣度深奥的道理。

小锦囊：发现问题多思考，遇到问题多深入研究，才不会被别人笑话为肤浅，讥讽为"以升量石"。

蝇头微利

"小利"赢"大利"

从前,有一家包子店,老板是一个五大三粗的男子,叫包三。包三的包子做得没什么特色,口味也一般,所以前来买包子的人不多,赚到的钱自然也很少,仅仅够他一个人填饱肚子。

有一天,来了一个女乞丐,蓬头垢面的,这女乞丐站在包三的包子铺前,一直咽口水,包三看她可怜就递给她两个包子,女乞丐狼吞虎咽地吃下包子后,说:"你这个包子啊,面筋揉得不够透,吃起来没感觉,馅也做得一点儿味道也没有。"包三一听,心想,这女乞丐真是不会做人,吃了不说声谢谢,反而数落他的包子不好吃。这一想,他就不高兴了,连连摆手让她赶快走开。女乞丐却不走,说:"为了报答你给我包子,我可以帮你做一天包子,我保证做出来的包子能让顾客回头。"包三见她胸有成竹的样子，就答应了下来。

第二天，包子一摆出来，香味扑鼻，引来了不少客人，包子很快就卖光了，包三喜出望外。待到第三天时，昨天吃了包子的客人们早早就来到店里等候，女乞丐这时候却说："我答应只帮你做一天包子的，今天我要走了。"包三这下可急了，苦苦挽留她，可她仍然决意要走，包三只好出高薪聘请她，女乞丐又说："我现在是一个无家可归的人了，你为何不把我娶进门，当你永远的老板娘呢。"包三这才醒悟过来，心想，自己没有老婆，娶了这个有能耐的女乞丐，也算是双喜临门啊。真是用小利赢大利，得来全不费功夫。

利润和利润率

这个成语让我们想到一个数学知识——利润和利润率。

利润和利润率是商品社会里每一个经营者都要遇到的重要问题，也是数学学习的重要内容。

所谓利润，是指公司、企业在一定时期内生产经营活动的成果，即收入与成本相抵后所得的差额。即：利润=收入－成本，如果收入大于成本费用，会产生利润，反之，利润会变成负值，也就出现亏损。

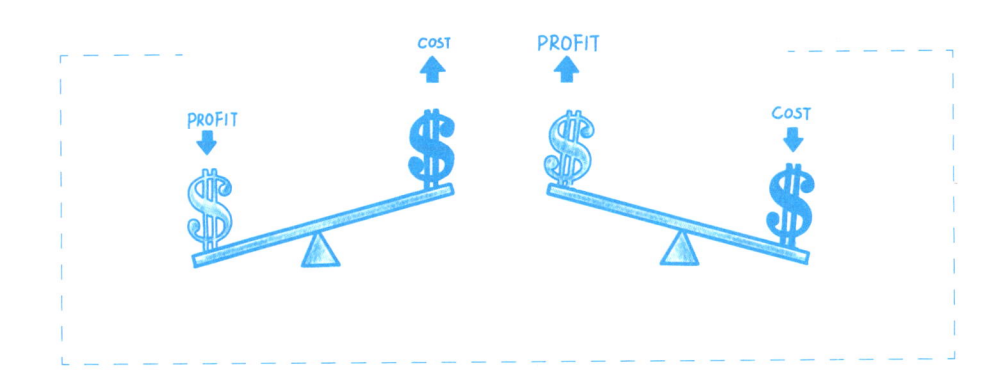

与利润密切相关的还有利润率。利润率=利润÷成本×100%。

下面是有关利润的一道数学题：

某商店经销一种商品，由于进货价降低了5%，出售价不变，使得利润率提高了6个百分点，问以前的利润率是多少？

解这道题时，可先设原进货价为x，出售价为y，所以原利润率=（$y-x$）÷x。

进货价降低后，进货价变成了（1-5%）x=0.95x，此时的利润率变成了（y-0.95x）÷0.95x。

根据题意可知：（y-0.95x）÷0.95x-（$y-x$）÷x=6%，解得y÷x=1.14。

所以原利润率=（$y-x$）÷x=y÷x-1=1.14-1=0.14=14%。同时我们也可以计算出现在的利润率=原利润率+6%=14%+6%=20%。

出处：宋代苏轼《满庭芳》词："蜗角虚名，蝇头微利。"

释义：如同苍蝇头那样的小利。比喻非常微小的利润。

小锦囊：很多成功的商人都是从"蝇头微利"开始积累的。就如同很多学习成绩好的同学，他们的好成绩也是平时一点一滴积累出来的。

有进无退

只进不退的士兵

屈健华是一名特种部队的士兵，他入队以来，训练有素，技术扎实，很快就成为部队里的佼佼者，大家为此说他是一个"只会进不会退"的能人。

有一次，城里的一家银行遭到三个歹徒抢劫，三个歹徒都带着枪支炸药，并且银行里很多工作人员和老百姓都被当成了人质，正在紧急关头，特种部队需要派一名人员通过银行后面的一处通道进入银行，然后在保证人质安全的情况下，一举歼灭歹徒。这个艰巨的任务落在了屈健华的身上。

屈健华以矫健的身手迅速潜进了通道，他正准备继续潜进银行时，发现有一个歹徒在银行的后面把守着，屈健华躲在通道里伺机行动，等了半个多小时，仍然找不到突破口，此时，后退是不可能的，他灵机一动，就在通道拐角处抛了一块小石头出去，歹徒听到声响后，走了过来，屈健华凭借敏捷的身手把歹徒悄无声息地击倒了。然后他顺利进入银行，击倒了剩下的两个歹徒，夺得了最后的胜利。

后来，队友问他当时是怎么想的，他说："当时情况万分紧急，在只有进没有退的情况下，保持冷静的头脑是关键。"

进一法法则

屈健华面对歹徒时沉着冷静，"有进无退"，终于击倒了歹徒，夺取了最后的胜利。

数学中也有一种法则是"有进无退"的，那就是进一法。

虽然"四舍五入"的法则已成为生活中的普遍法则，但在有些时候，这一法则却并不适用。

比如说：某班组织春游，全部乘坐5座的私家车前往，全班共有45位同学，除去司机，每辆车只能坐4位同学，45÷4=11.25，按照四舍五入的法则，11.25应该四舍五入为11，但如果只派11辆车，就只能坐44人，剩下1人没车坐，所以这种情况下不能用"四舍五入"法，只能用

"进一法"。

"进一法"就是无论小数点后面是什么数，都进一位。

根据"进一法"的原则，4.1要"进一"为5，11.25要"进一"为12。

"进一法"常用于"一个也不能少"的情况。比如用麻袋装粮食，最后剩再少的粮食都还得用一个麻袋装。

想想看，我们生活中有哪些是可以"四舍五入"的，哪些又是必须用"进一法"的？

出处：明代冯梦龙《东周列国志》第六十一回："军中无戏言！吾二人当亲冒矢石，昼夜攻之，有进无退。"

释义：只有前进，没有后退。

小锦囊：很多数学知识也是为了满足生活中的实际需要而产生的。处理小数问题除了"四舍五入""进一法"之外，还有"去尾法"。所以，我们在掌握方法之后，还要根据实际情况灵活运用。

朝三暮四

|不会加法的猴子|

宋朝的时候,有一个老人特别喜欢猴子。他就在家里养了很多猴子,大家都叫他狙公。和猴子相处久了,狙公便很懂它们的心理,猴子跟狙公也似乎心灵相通,能够明白他说的每一句话。狙公十分宠爱这些猴子,为了让猴子吃饱,不惜缩减自己的口粮。

这一年,风不调,雨不顺,庄稼长得很差,粮食收成也比往年少了很多,人们都吃不饱饭,狙公家里也是这样。他因此开始考虑减少猴子们的食物。但是,他又怕猴子们会因为食物少而不高兴,所以就先去和它们商量:"从明天开始,我每天早上给你们三个果子,晚上再给你们四个果子,好吗?"

猴子们听到自己的食物比以前减少了,都龇牙咧嘴地站了起来,一边发出怒吼声,一边上下乱窜,表示强烈抗议。狙公看情况不妙,马上改口说:"那这样好了,我每天早上给你们四个果子,晚上再给你们三个果子,这样行不行?"

猴子们听了狙公的话,觉得早上的果子从三个变成了四个是增加了,于是都高兴起来,不再闹了。

果子的学问

狙公开始说给猴子早上3个果子,晚上4个果子,加在一起是一天7个果子。但猴子不愿意,认为太少了。于是狙公改变说法,变成早上给猴子4个果子,晚上给3个,加在一起其实一天也是7个果子。猴子不会算加法,计算不出一天能吃到的果子总数就是7个,只是分配方式改变了,分配给它们的总数并没有变。因此,当它们听到早上能吃到的果子从3个变成4个时,就以为果子数量增加了,所以欣然同意了狙公的第二种分配方法。

这个成语故事告诉我们一个数学定律——加法交换律。加法交换律的内容是:两个数相加,加数的位置交换,和不变。举个例子:3+4=4+3=7,两个加数交换位置得出的结果都是7。有了加法的交换律,可以将比较复杂的计算简化。比如:

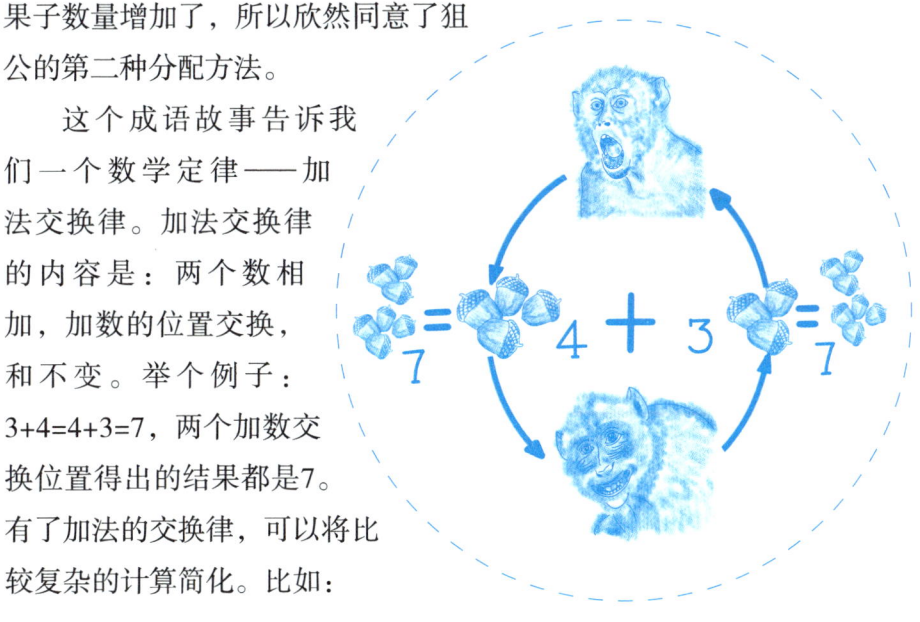

32.78+16.83+67.22+23.17

=32.78+67.22+16.83+23.17

=100+16.83+23.17

=100+40

=140

  从数学角度讲，"朝三暮四"是灵活的体现。但现在我们用这个成语，往往都含有贬义。狙公第一次说给猴子的食物是早上3个果子，晚上4个。看到猴子们不愿意，马上又变成了给猴子早上4个，晚上3个，刚说过的话突然就变了。狙公的善变是迫于形势的无奈，而我们现在说某人"朝三暮四"，是指这个人反复无常、说话不算数或做事不踏实等。

出处：《庄子·齐物论》："狙公赋芧，曰：'朝三而暮四。'众狙皆怒。曰：'然则朝四而暮三。'众狙皆悦。名实未亏而喜怒为用，亦因是也。"

释义：比喻变化多端或反复无常。

小锦囊：在遇到一些棘手的问题或面对难关时，采取灵活的策略是很有必要的。但是，不能在什么事情上都变来变去，这样会让人觉得反复无常而很难得到别人的信任。

争分夺秒

珍惜时间的鲁迅

　　我国著名的文学家鲁迅是一个十分珍惜时间的人，他说过："时间就像海绵里的水，只要你挤，总是有的。"他把卧室当成自己的书房，并且在里面挂了一副对联来鞭策自己时刻都要抓住分分秒秒。鲁迅确实以实际行动做到了，他把别人用来喝茶、闲聊的时间都用在了学习和写作上。

　　鲁迅珍惜时间的习惯是从小就养成的。他在绍兴城的"三味书屋"读私塾的时候才12岁，那时父亲正患着重病，两个弟弟又还年幼，鲁迅不仅要经常去当铺，跑药店，还要帮助母亲干家务。有一次，鲁迅在家里帮妈妈多做了一点儿事，结果上学迟到了，受到了老师的批评。回家后，他吸取了教训，便给自己制作了一张非常精准的时间表，还用小刀在书桌的右下角刻了一个"早"字，用来提醒和鞭策自己珍惜时间。从此，他再也没有迟到过。

鲁迅把时间抓得很紧，他善于在繁忙中挤出时间。他一生虽然只活了55岁，但给后人留下了大量的文学著作。

时间是人生最大的财富

成语"争分夺秒"中的分和秒我们并不陌生，因为它们是常用的时间单位。比如上体育课测试跑步成绩时，老师告诉你，你的1000米跑成绩是4分28秒，如果能再快30秒钟，就可能是全班第一名了。如果这个时候有人问你理解了争分夺秒的意思了吗？相信你一定能理解了。

与分、秒一样的时间单位还有小时、天、月、年、世纪，当然还有百分秒、毫秒、微秒。它们之间的换算关系为：

一、天、时、分、秒的换算关系

1小时=60分=3600秒；1天=24小时。

二、月与天的换算关系

月与天的换算关系比较复杂：在一月、三月、五月、七月、八月、十月、十二月这7个月里，1个月有31天，在四月、六月、九月、十一月这4个月里，1个月有30天，而在二月，可能是29天（闰年的时候），也可能是28天（非闰年的时候）。

三、其他时间单位的换算关系

1年=12月=365天，1世纪=100年；

1秒=100百分秒=1000毫秒=1000000微秒。

根据以上的换算关系，可以计算一下人的一生有多少时间。

俗话说：人生不过百年。现在我们就按100年来计算。

争分夺秒

人的一生=100年=36500天=876000小时=52560000分。这就是爸爸妈妈给我们的最大的财富。现在，每过一分钟、一小时，上面的数字就会减去一点，我们的财富值就会相应缩减。

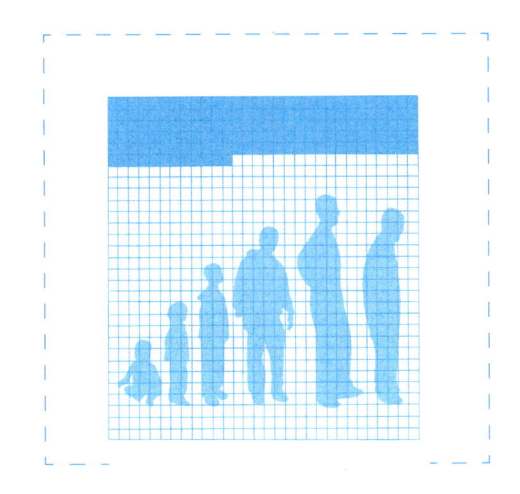

出处：《晋书·陶侃传》："常语人曰：'大禹圣者，乃惜寸阴，至于众人，当惜分阴。'"

释义：一分一秒也不放过。形容充分利用时间。

小锦囊：虽然每个人的时间都是有限的，但我们可以充分利用时间让每一天每一小时都过得有意义，让我们的时间增值并且发挥最大价值。

纸上谈兵

赵括"纸上谈兵"

战国时期，秦国要进攻赵国，赵国派出了廉颇迎战。刚开始，廉颇没有摸清敌情，连连失利，吸取教训后，他果断命令军队留守城池，不轻易主动进攻以保持军力，拖垮秦军。果然，秦军远道而来，本已筋疲力尽，看赵军不进攻，自己也不敢轻举妄动。眼看粮食日渐减少，急坏了秦王，秦王暗想：如果这样拖延下去实在不是办法。后来，秦王就想了一计，派人潜入赵国，散布谣言，说只要赵国派出赵括，他们秦军就慌了。

流言传到了赵王那里，赵王本来就因为廉颇迟迟不进攻秦军而纳闷，一听到这谣言，便立即撤掉廉颇，让赵括带兵迎战。这时，赵国大臣蔺相如赶紧来劝说赵王，说："赵括没有实战经验，只对兵书熟悉，不会临阵应变，不能派他做大将。"可是，赵王对蔺相如的劝告听不进去。而后，赵括的母亲也来劝说赵王，赵母说："赵括的父亲临终前嘱咐过我，他说赵括这孩子把打仗当成玩儿一样，虽然说起来头头是道，但却不实用。所以大王不用他为好，如果让他当大将的话，恐怕赵军会断送在这孩子手里。"赵王听信谣言，尽管赵括的母亲说得诚心诚意，也不为所动。

公元前260年，赵括当上了大将，他把廉颇的策略全部废除掉，率领四十万大军浩浩荡荡前去迎战。秦军那边起初还故意打了几次败仗，赵括不知是计谋，拼命带军队追赶，结果中计，被秦军包围，赵括想带军队冲出包围圈，结果力不从心，被乱箭射死。赵军看大将被杀，只好纷纷投降。

印刷品的开本是怎么回事？

赵括的"纸上谈兵"让我们不禁想问：古代的一张纸有多大？我们喜欢纸的原因，除了纸能给我们的生活带来方便（如卫生纸）外，更重要的是纸可以做知识的载体，为我们传播知识，为社会传播文明。

当我们阅读纸质书籍时，常常会看到书的版权页上写着"开本：1/32""开本：1/16"等字样，去打印资料时，也常常会被问到需要用A3的纸还是A4的纸。以上内容中的1/32、1/16、A3、A4究竟是什么意思呢？

原来，为了统一印刷品的大小规格，一般把787毫米×1092毫米规格的纸张称为正度全张纸，把889毫米×1194毫米规格的纸张称为大度全张纸。

全张纸的面积较大，阅读和携带都不方便。因此，印刷时我们需要

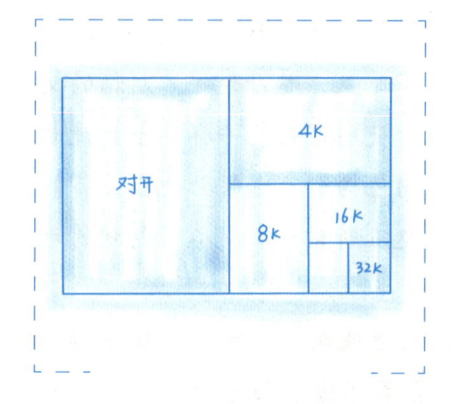

将全张纸多次沿对折线切开，按切开的次数分别称为对开、4开、8开、16开、32开、64开等。为了书写方便，开也写成K，32开可以写成32K。32K纸的大小相当于全张纸的三十二分之一，16K纸的大小相当于全张纸的十六分之一，其余以此类推。

当我们切开的全张纸是正度纸时，就叫正度XX开，如正度16K、正度8K；切开的是大度纸时就叫大度XX开，如大度16K、大度8K。中国一般用正度纸，国际流行的一般是大度纸，大度纸习惯以A、B命名，大度16开实际上就是A4纸，大度8开实际上就是A3纸。

出处：《史记·廉颇蔺相如列传》记载，赵国名将赵奢的儿子赵括，在长平之战中，只知道根据兵书作战，不知道变通，贸然进攻，结果被秦军打败。

释义：只注重在文字上谈用兵策略。比喻不联系实际情况而空谈理论，不能解决问题。

小锦囊：学习数学知识，仅靠概念的灌输是远远不够的，还需要反复练习。通过多次练习反复体会数学概念、数学定律中的每一个特点，这样才能学好数学，为今后其他学科的学习打下坚实的基础。

志在四方

孔穿为什么不近人情

孔穿字子高，战国人时，他是一个博学沉静的人。

有一次，孔穿在出游赵国时，和平原君门下的宾客邹文、季节两人结识并成了朋友。出游时，三人经常一起谈心，非常融洽。过了一段时间后，孔穿要回鲁国了，邹文和季节两人上路相送，一路上邹文和季节都依依不舍地和孔穿说着话，就这样一边说一边走，居然走了三天，到了实在不得不分别的时候，邹文和季节已经是一副眼泪汪汪的样子了，他们哽咽着半天说不出话来。孔穿虽然看到他们因为即将分别而难过得流下了眼泪，但他却没有说一句温暖的话来安慰他们，而只是微微地躬了躬身子，向他俩作了一揖，然后转身离去。

邹文和季节愣在原地，半天回不过神来。与孔穿同行的人不理解他为什么如此不近人情，便询问他，孔穿就说："刚开始和他们相识时，我认为他们都是大丈夫，想不到这两个人却如此的儿女情长，不是做大事的人啊。人应有四方之志，怎么能够如此婆婆妈妈呢？"同行的人听了，连连点头，认为他说得很有道理，也因此更加钦佩他了。

找准自己的方位

这个成语故事提到了一个数学知识——方位。

如果我们外出问路，被问路的人可能会这样回答你：向东走一个路口，再向南转，走两个路口后，转西南方向约200米即到。这个回答用到了很多描述方位的词。

方位，就是对方向位置的描述。东、南、西、北为基本方位；东北、东南、西北、西南则为中间方位。为了更准确地描述方位，还可引入"方向角"的概念，比如东偏南45度，南偏西30度，等等。

为了找准方位，人类积累了非常丰富的经验，如：早晨起来，面向太阳，前面是东，后面是西，左面是北，右面是南；中午，太阳所在的方向是南边，树的影子正向着北边；黄昏，太阳落下的地方是

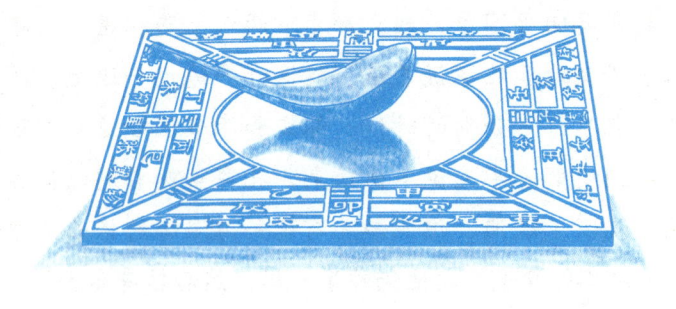

西；晚上，北极星的方向就是北方；树林里看树叶，树叶茂盛的一面是南面；下雪后，沟渠里积雪化得快的方向是南方，化得慢的是北方；看树木年轮，年轮密的一面是北面；看蚂蚁的洞穴，洞大的是南面；看岩石，岩石上布满青苔的一面是北面，等等。

当然，判断方位最准确的仪器应该是指南针和罗盘了。指南针指示的方向就是南方，而罗盘不仅能指明方向，还能准确测出方位角。

地图上，上北下南左西右东则是默认的，除非特别注明。

成语"志在四方"中的"四方"泛指东南西北方，由于包含了全部的4个基本方位，所以可以理解为"志在任何地方""志向在可以实现自己理想的任何地方"。

出处：《东周列国志》第二十五回："妾闻'男子志在四方'。君壮年不出图仕，乃区区守妻子坐困乎？"

释义：形容有远大抱负和理想。

小锦囊：志向是一个人取得成就的巨大力量。如果我们能胸怀远大，志在四方，就能克服很多困难，从而创造条件实现自己的理想。

转弯抹角

施凡问路

古时候，有个叫施凡的人，说起话来文绉绉的，让人很难理解他的意思。

有一回，施凡去外地游玩，走到一处十字路口时，不知是该往左走还是往右走，他只好站在原地等过路的人。等了好久，来了一个妇人，施凡就走上前问："东南西北几个方向，令人迷茫，您能告诉我吗？"妇人一听，就用手朝东南西北几个方向各指了一遍。施凡连连摆手道："不不不，夫人，您误会我的意思了，东归东，南归南，西归西，北归北，而我何去何从呢？"妇人听他这么一说，心里就紧张起来了，心想，不会是遇到一个神经病了吧，于是赶紧朝他摇摇头道："我也不知道，你问别人吧。"说着撒腿就跑了。

后来，又来了一个中年汉子，汉子长得高大魁梧，一副豪爽之态。施凡上前去询问："大哥，前路迷茫，东南西北何处是关山？"汉子一听，指指北方，说："关山往那边走。"施凡一听，说："不不不，我的意思不是这样，关山之关联，在哪？"汉子听得莫名其妙，心里顿生不快，说："你到底要问什么啊？"施凡就又文绉绉地来几句："都说云如雾，又说雾似风，关山关不住，只在此山中……"汉子听了更是一头雾水，脾气一上来，直接就朝施凡的鼻子来了一拳，骂道："你说什么鬼话，我听不懂。"说罢，气势汹汹地走开了。

施凡捂着鼻子坐在地上哀怨道："痛乃心灵之痕，不怪哉，也怪哉……"

角的知识

这个成语让我们想到一个几何图形——角。

施凡去外地旅游向当地人问路时，"转弯抹角"的问话方式不仅没有得到想要的答案，反倒让鼻子挨了一拳。其实，数学中也存在"角"。在数学中，有一个公共端点的两条射线组成的图形就叫角。

为了便于理解，也可以把角想象成是一条射线绕着它的端点旋转到另一个位置所组成的图形，位于初始位置的那条射线叫角的始边，终止位置的

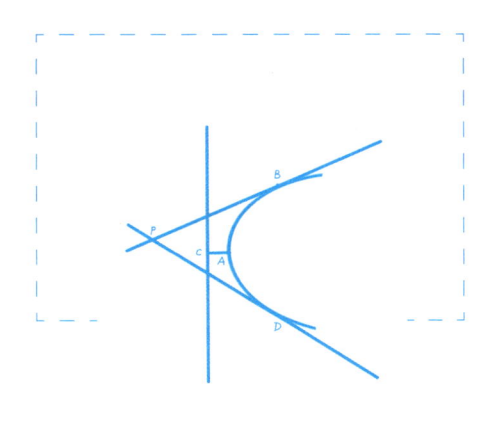

那条射线叫角的终边。射线的旋转度越大，角的开口越大，这个旋转度就是角度。角度可以由量角器量出。

如果这条射线旋转半周，这样的角叫平角，它的角度是180度。

如果这条射线旋转一周，这样的角叫周角，它的角度是360度。

当角的终边与始边互相垂直时，这样的角叫直角，它的角度是90度。

如果这条射线旋转的角度小于90度，这样的角叫锐角。

如果这条射线旋转的角度大于90度且小于180度，这样的角叫钝角。

仔细观察一下身边所能看到的角，量一量它们的角度是多少？有什么特点呢？

出处：元代秦简夫《东堂老》："转湾抹角，可早来到李家门首。"

释义：形容走的路弯弯曲曲。比喻说话或办事绕弯子，不直截了当。原作"转湾抹角"。

小锦囊：很多时候，我们做的题目常常也会有"转弯抹角"的情况，要想从这些"拐角"处寻找到最便捷的解题方法，则需要我们具有扎实的基础知识，并且善于运用这些知识。